LE SEXE DES ÉMOTIONS

DU MÊME AUTEUR

Le Sommeil de l'enfant et ses troubles, Paris, PUF, 1986, coll. « Que sais-je ? » (avec Philippe Mazet).
Psychopathologie de l'adolescent, Paris, éd. Masson, 1986 (avec Daniel Marcelli).
L'Adolescence aux mille visages, Paris, Éditions universitaires, 1988 (avec Daniel Marcelli).
Les Adieux à l'enfance, Paris, éd. Calmann-Lévy, 1990.
Tout est dans la tête, Paris, éd. Odile Jacob, 1992 (avec Éric Albert).
Les Bleus de l'âme, Paris, éd. Calmann-Lévy, 1995.

Alain Braconnier

LE SEXE DES ÉMOTIONS

EDITIONS ODILE JACOB

15, RUE SOUFFLOT, 75005 PARIS
ISBN 2-7381-0347-2

Pour Nicole, Valérie et Katia.

Introduction

L'homme et la femme se prennent, se déprennent, s'entreprennent, se reprennent et se surprennent, mais se comprennent-ils ?

Cette question, qui a traversé tous les lieux et toutes les époques, ne s'est sans doute jamais posée avec autant d'acuité qu'aujourd'hui. Le couple a évolué : ce n'est plus d'abord l'intérêt bien senti de chacune des parties – patrimoine, descendance – qui les fait s'unir l'une à l'autre, mais l'accord intime des cœurs. La route conjugale ne s'en trouve pas moins parsemée de beaucoup d'embûches et les échecs en ce domaine sont toujours trop nombreux. Et ce n'est pas tout : la famille elle-même peut être lieu de conflits où l'on voit la fille s'opposer à son père et la mère méconnaître son fils.

Ma conviction profonde de médecin et de psychologue est que la plupart des malentendus entre hommes et femmes reposent sur la différence qu'instaure le langage affectif propre à chacun des sexes et que, par conséquent, une meilleure lecture de nos émotions réciproques devrait nous aider à mieux nous comprendre. Mon rôle n'est évidemment pas de prêcher l'idéal d'une harmonie béate dans les foyers. J'utiliserai plutôt l'image de la « fracture » qui est à la mode. On l'a dit sociale. Je constate, pour ma part, qu'elle est aussi privée – le divorce, le fossé entre les générations en sont les signes les plus visibles – et qu'elle peut et doit être combattue. Tel est le propos de ce livre. Si les hommes et les femmes partagent tous deux les mêmes sentiments, s'ils sont également capables d'émotions, ils ne les expriment pas de la même façon. Connaître les modalités d'expression de chaque sexe est donc source d'une meilleure entente.

Aujourd'hui, même si l'égalité des droits est enfin reconnue, trop d'indices trahissent encore la portée limitée du changement. La question du masculin/féminin reste donc d'actualité bien qu'elle se pose désormais différemment ; elle dépasse l'opposition des sexes : serait-ce nos émotions qui nous identifient le mieux en tant qu'homme ou femme ? Longtemps dos à dos, de plus en plus souvent côte à côte, les deux sexes sont maintenant mieux à même de mesurer ce qui les différencie.

Oui, les différences affectives entre hommes et femmes existent. Elles apparaissent dès la maternelle et même avant. Puis vient l'adolescence. À partir de là, le ciel des relations humaines ne cessera de virer du bleu au noir et du noir au bleu sans toujours prévenir. Si, pour partager sa vie, chacun cherche l'âme sœur, celle qui lui correspond trait pour trait, rien d'étonnant à ce que si peu l'aient trouvée ou que tant aient déchanté. Mais que répondre à ceux qui ont perdu tout espoir qu'hommes et femmes puissent jamais parler la même langue ?

Les deux sexes sont-ils donc irrémédiablement condamnés à ne pas pouvoir se comprendre ? Non. Il est possible de favoriser l'entente, en conseillant mieux ceux qui estiment que les émotions constituent le socle de la communication humaine et, en particulier, de la rencontre avec l'autre sexe. Tous les psychologues reconnaissent que l'expression des émotions favorise l'attachement affectif ou les liens sociaux et peut nous rendre plus égaux que toutes les déclarations de principe, plus ou moins factices. La psychologie humaine est passionnante. Comprendre ce qui se joue à l'intérieur de l'autre, pour mieux déjouer les conflits, est à la portée du plus grand nombre d'entre nous. Puisque nous sommes sans doute destinés à être surpris toute notre vie par l'autre sexe, arrangeons-nous au mieux de la situation.

Hommes ou femmes, l'amour fait de chacune de nos existences une vie d'exception. Devons-nous pour autant nous interdire de distinguer les « émotions masculines » des « émotions féminines » ? Ce qui nous pousse à dire de la personne qui est devant nous qu'elle est homme ou femme provient d'un jugement immédiat et superficiel se fondant sur des critères extérieurs. Ce sont en revanche des critères personnels et affectifs qui nous incitent à penser que cette femme est « vraiment féminine » ou de cet homme qu'il est « vraiment masculin ».

Certes, des rires aux larmes, aucune émotion n'est la propriété exclusive de l'un ou l'autre sexe. Cependant, parler d'émotions asexuées est assurément une erreur. Hommes et femmes se différencient moins par la nature de ce qu'ils éprouvent que par le sens apparent, la signification cachée ou l'expression que prennent leurs sentiments. Le monde des émotions est devenu au cours de ces dernières années un immense chantier de recherche. De nombreuses études se sont intéressées aux différences affectives entre les sexes. Elles ont montré que les styles émotionnels sont liés à l'identité sexuée bien plus fortement que nous ne le pensions jusqu'à présent. Deux fois plus de femmes que d'hommes laissent apparaître ouvertement leur anxiété ; trois fois plus d'hommes que de femmes se montrent coléreux. Plus étonnant encore, les différences entre les sexes s'observent dès un âge précoce. Ainsi, dès leur plus jeune âge, les filles sourient et vocalisent avant et plus souvent que les garçons.

Depuis longtemps, nous tenions pour acquit que les femmes étaient plus émotives que les hommes. Est-ce vrai ? En fait, la principale différence ne réside pas là. Les recherches en psychologie récemment menées concordent toutes : les femmes expriment plus facilement ce qu'elles éprouvent et perçoivent davantage ce que l'autre ressent. Elles ne sont donc pas plus émotives, mais elles communiquent mieux leurs émotions que les hommes.

Cela dit, mesurer des différences n'est pas en comprendre les causes. Comment les expliquer ? Par les différences que laisse apparaître l'activité de certaines régions cérébrales et qui sont liées au sexe biologique ? Les hommes, par exemple, expriment plus brutalement leurs affects ; les femmes parlent davantage de ce qu'elles ressentent. Est-ce dû à des différences de métabolisme cérébral d'un sexe à l'autre ? Sans doute, mais le cerveau est-il sexué dès la naissance ou se sexualise-t-il progressivement ? Récemment, une jeune mère me demandait si elle devait donner à son fils et à sa fille la même éducation. « Probablement pas, lui ai-je répondu, mais vous pouvez avoir une influence décisive en les habituant dès leur plus jeune âge à comprendre et à apprécier les similitudes et les différences que manifeste l'émotivité propre à chaque sexe. » L'instruction des pères et des mères, l'attitude des enseignants et le contexte social dans son ensemble renforcent très tôt, et le plus souvent à l'insu des uns et des autres, des attitudes émotionnelles potentiellement différentes. Dès le plus jeune âge, nous apprenons à nous émouvoir différemment. Par-delà la génétique, c'est l'éducation au sens large du terme qui favorise le développement des différences.

En fin de compte, est-il dangereux d'exprimer ses émotions ? Est-ce la source, chez les enfants, filles ou garçons, d'échecs ou de névroses ultérieures ? Est-ce l'origine, chez les adultes, des malentendus et des crises conjugales ? Le problème n'est pas tant que les femmes expriment leurs émotions ou qu'elles soient plus douées pour reconnaître celles des autres. Il vient plutôt du fait que les hommes les expriment insuffisamment, les « agissant » au lieu de les dire. Dans ce domaine, les hommes auraient alors autant, si ce n'est plus, à faire pour s'affranchir des stéréotypes et des préjugés culturels.

Jusqu'à présent, les ouvrages portant sur l'un et l'autre sexe ont privilégié l'analyse historique et sociale. Ils ont ainsi laissé de côté la question des émotions et des sentiments. Même en psychologie, les études portant sur le masculin et le féminin se sont davantage préoccupées des capacités intellectuelles des uns et des autres qu'elles ne se sont intéressées aux échanges affectifs. La psychologie du vivant, c'est-à-dire l'étude du sujet humain dans ses relations avec autrui, est pourtant au moins aussi importante. Sans doute, depuis Adam et Ève, chaque sexe a-t-il son secret que l'autre tente de percer. Les sentiments ne sont pas étrangers à ce mystère. Ils en sont même le cœur. Ils relèvent de cet espace intime, difficile à explorer, parfois volontairement recouvert. Comprendre n'est pas une démarche purement intellectuelle, surtout lorsqu'il s'agit de comprendre l'autre.

Le féminisme aura été l'une des grandes révolutions du XXe siècle. Les féministes ont lutté pour la liberté d'expression des femmes. Mais ont-elles été toujours aussi soucieuses de leur liberté de s'émouvoir ? Il est vrai que la liberté d'expression ne vaut, hélas, que pour un petit nombre de populations dans le monde : le statut de la femme en Asie du Sud-Est, en Inde ou au Moyen-Orient est encore très loin de celui de la femme occidentale. La tâche qui reste à accomplir est immense. En Occident, l'égalité stricte des droits entre hommes et femmes est garantie par le législateur. Et c'est tant mieux. Mais ne reste-t-elle pas pour une grande part illusoire ? L'égalité entre les sexes se heurte à beaucoup plus fort que le droit. Elle bute sur ce qui nous constitue plus fondamentalement, que nous soyons homme ou femme. Elle achoppe sur des différences affectives, réelles ou fictives. Ces émotions qui nous opposent s'enracinent loin dans le passé. Elles sont pour beaucoup le fruit d'une histoire millénaire. Notre imaginaire est peuplé de fantômes.

De Platon, pour qui les femmes pouvaient comme les hommes accéder au rang de dirigeants dans sa cité idéale, à Simone de Beauvoir dénonçant le statut d'objet auquel les hommes reléguaient le « deuxième sexe », en passant par Aristote et Hegel qui comparait l'homme à l'animal et la femme à la plante, le débat masculin/féminin n'a jamais cessé. Il a souvent pris une tournure politique ou sociale. Le « politiquement correct » en est actuellement aux États-Unis le dernier avatar. Le danger réside dans les formes d'extrémisme qui risquent d'occulter les vraies questions et de laisser dans l'ombre ce qui fait la vie de tous les jours : les rencontres entre hommes et femmes, les émotions communes ou non. Pour mieux nous comprendre, nous apprécier et nous aimer, apprenons la langue dans laquelle s'expriment les émotions de l'autre sexe.

CHAPITRE I

Tu ne me comprends pas

En 1992, la jeune et brillante diplomate Masako Owada épouse le prince Naruhito de la famille impériale du Japon et décide de mettre un terme à sa carrière professionnelle. Nombre de jeunes femmes occidentales ont vu dans cette décision un sacrifice personnel. Mais une telle interprétation ne vaut que dans un contexte culturel où l'épanouissement de l'individu prime. Dans la culture japonaise, l'acte avait une tout autre signification, symbolisant l'accord du sujet aux valeurs sociales du groupe. Masako Owada n'a probablement pas eu le sentiment de se « sacrifier » mais de s'épanouir.

Un même acte, selon l'interprétation culturelle dominante, sera ici source de joie, là porteur de peine. De la même façon, nous pouvons dire des deux sexes qu'ils ne partagent pas la même culture affective. Or, face à ce qui est étranger, le risque est grand de se tromper et d'attribuer à l'autre des émotions et des sentiments qu'il n'a pas.

Depuis plus de vingt ans, je reçois des hommes et des femmes, seuls ou en couple. Je reçois aussi des jeunes gens et des jeunes filles, accompagnés de leurs parents. J'ai ainsi très rapidement pris conscience d'un paradoxe fondamental dans la relation des deux sexes : hommes et femmes peuvent s'aimer profondément et ne pas se comprendre émotionnellement. J'ai aujourd'hui la conviction que cette incompréhension mutuelle peut se manifester très tôt dans la vie. Comment rendre compte d'un tel paradoxe ? Chaque être humain présente assurément plusieurs facettes. Mais comment expliquer que, après des milliers d'années de vie commune, nous soyons encore à ce point imperméables à ce que ressent l'autre sexe ?

Selon les sociologues, d'un sexe à l'autre, tout diffère. Les inégalités persistent au travail, même si depuis 1983 la discrimination y est interdite. À compétences égales, les femmes accèdent plus difficilement à des postes de responsabilité et sont nettement moins bien payées. Leur salaire est en moyenne inférieur de 26 % ! Alors qu'elles accomplissent, en nombre d'heures, près des deux tiers du travail dans le monde, elles ne perçoivent qu'un dixième du revenu mondial. Inutile de préciser à qui reviennent les neuf dixièmes restants !

Même inégalité à la maison. Selon l'Insee, en vingt ans, les maris des Françaises qui travaillent n'ont augmenté que de onze minutes leur temps de participation quotidienne aux tâches domestiques. En 1975, ils y passaient en moyenne cinquante-quatre minutes, en 1995, soixante-cinq minutes. C'est peu, comparé aux trois heures quinze, péniblement réduites à trois heures neuf, qu'y consacrent les femmes. En vingt ans, les femmes ont donc gagné six minutes ! Faisons le calcul. À ce rythme-là, l'égalité dans ce domaine sera bien atteinte mais en 2075 ! Encore faut-il que les hommes tiennent la distance ! Ce n'est donc pas demain que l'on parlera du « panier du ménager » ! Ce que confirment d'ailleurs les réponses des lycéens et des lycéennes françaises de 1991 [1] sur le partage des tâches domestiques.

Après le travail, les loisirs... Chacun sait que Monsieur s'ennuie lorsque Madame est à la plage.

LE PARTAGE DES TÂCHES DOMESTIQUES VU PAR LES LYCEENNES DE 1991

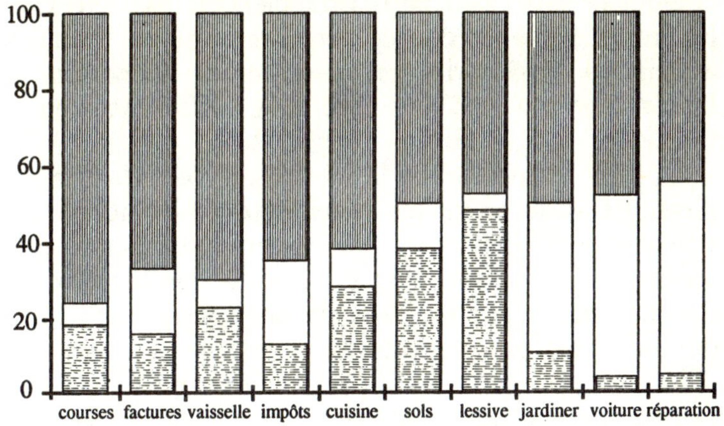

LE PARTAGE DES TÂCHES DOMESTIQUES VU PAR LES LYCEENS DE 1991

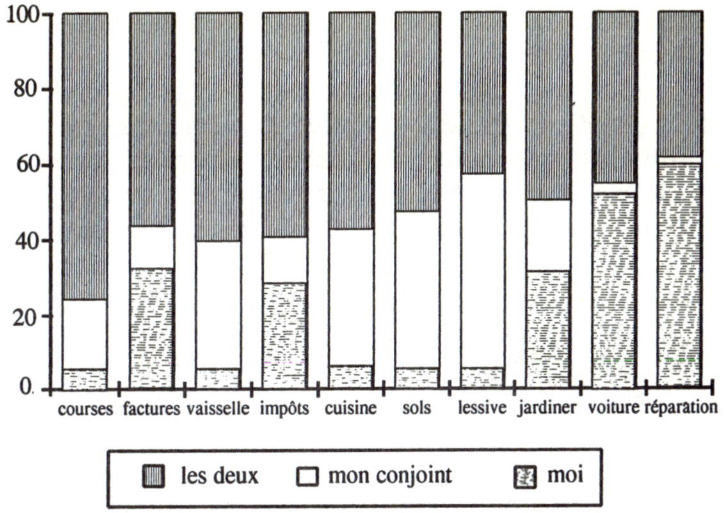

(D'après C. Baudelot et R. Establet, 1992.)

Les femmes préfèrent les comédies musicales et les hommes les films d'action. Tous les promoteurs de cinéma le savent en bons financiers qu'ils sont. Que les familles ou les couples qui ignorent les batailles acharnées autour des programmes de télévision se fassent connaître. C'est le poids des différences émotionnelles qui se fait ici sentir.

Même constat dans la vie très privée. L'attirance physique différencie les deux sexes. Les hormones mâles et femelles qui commandent au désir sexuel seraient-elles passées par là ? : 45 % des femmes se disent attirées par les yeux de leur partenaire, 31 % des hommes par la poitrine.

Nous pourrions multiplier les exemples : conversations téléphoniques qui se prolongent abusivement, discussions animées à la veille des vacances sur le nombre de valises indispensables, embarras de garde-robe, conflits les soirs de match à la télévision. Mais comment pouvons-nous espérer mieux nous connaître si nous ne prenons pas en considération et avec humour les sentiments et les réactions des uns et des autres ?

« Qui sont-ils ? » se demandent déjà les petites filles. « Peut-on leur plaire ? » s'interrogent les hommes depuis leur plus tendre enfance. D'autres questions reviennent régulièrement. Pourquoi un homme veut-il toujours avoir raison ? Et pourquoi se met-il si facilement en colère ? Et qu'ont donc les femmes à s'angoisser de la sorte ?

L'incompréhension ne résulte pas seulement d'une expression du visage mal déchiffrée ou d'un comportement mal interprété. Elle est parfois tout bonnement la marque d'une franche surprise. « Tu m'étonneras toujours », dit cet homme à son épouse qui, de colère, se met à pleurer. « Mais pourquoi ne parle-t-il pas ? » se demande cette jeune femme qui sent son ami ruminer à ses côtés. « Que cherche-t-il ? », « Que cherche-t-elle ? », s'interrogent en chœur les deux sexes en quête de sens ou d'intentions cachées.

Chaque sexe a sa manière de réagir aux émotions de l'autre. Les émotions positives – joie, rire, humour – se manifestent généralement de la même façon et suscitent des réactions identiques. Elles sont reconnues comme telles par les deux sexes, même s'il existe en ce domaine des complicités « sexuées ». En revanche, les émotions négatives – colère, chagrin, culpabilité et, surtout, angoisse – sont fréquemment source d'incompréhensions entre hommes et femmes.

Histoires brèves

La méconnaissance des cultures affectives propres à chacun des deux sexes est donc bien souvent à l'origine des difficultés entre hommes et femmes, qu'il s'agisse de simples malentendus ou de conflits ouverts. Nombre de ces difficultés ont une source enfantine et resurgissent bien des années après, une fois l'âge adulte atteint. L'histoire de Marc et de Muriel nous le montrera mieux que n'importe quelle étude scientifique.

Blessée au cœur, piqué au vif

Marc est un homme de trente-cinq ans, systématiquement en retard à chacun de nos rendez-vous. Cette fois-là, il m'explique qu'il s'était engagé à téléphoner à sa femme Muriel dès qu'il serait arrivé à Paris. Ce jeune couple de cadres qui vit en banlieue est inquiet. La veille, l'institutrice a téléphoné. « Les choses ne peuvent plus durer », a-t-elle dit. Emmanuel, leur fils de six ans, est agité, agressif. Il perturbe la classe par ses incessantes interventions; à la récréation, il ne laisse jamais ses camarades jouer tranquillement s'il est exclu du jeu. Bref, cet enfant ne supporte pas de ne pas occuper en permanence le devant de la scène.

L'appel a profondément troublé les deux parents. L'un comme l'autre se sont sentis personnellement mis en cause. Les faits se sont déroulés ainsi. Rentré chez lui, comme à son habitude avec beaucoup de retard, Marc s'est senti agressé par sa femme qui lui a immédiatement rapporté l'appel. Sa première réaction a été de dire à son épouse qu'Emmanuel était trop proche d'elle, qu'il était trop gâté. Il n'était donc pas étonnant qu'il veuille être le centre de la classe puisqu'il était habitué à tenir cette place chez lui. Au fond, Marc était « piqué au vif », mais la réaction de sa femme l'a totalement décontenancé. Muriel s'est mise à pleurer. Il a alors compris, mais trop tard, que les paroles de l'institutrice l'avait profondément « blessée ».

En relatant les faits, Marc se rend compte de la très grande maladresse dont il a fait preuve envers son épouse. Par ses mots, il a aggravé la blessure personnelle que l'appel téléphonique avait produit sur Muriel et que tout parent, dans la même situation, aurait ressentie. Marc lui-même était blessé. Mais il avait ressenti et exprimé autrement son émotion, en cherchant une explication qui le disculperait personnellement : le comportement éducatif de sa femme. C'est seulement maintenant qu'il perçoit sa propre lâcheté.

« Piqué au vif », c'était l'expression que Marc avait employée pour caractériser son état. Je me suis alors souvenu de la scène d'enfance que cet homme m'avait rapportée quelques mois plus tôt. Alors qu'il était âgé de dix ans, sa mère lui avait demandé de s'occuper de son jeune frère gravement malade. Il avait encore honte de la grossièreté avec laquelle il lui avait répondu. L'analogie entre les situations était frappante. Par deux fois, une mère touchée au plus profond d'elle-même, malheureuse de voir l'un de ses enfants en difficulté, lui demandait de partager sa souffrance. Devrait-il toute

sa vie se montrer incapable de répondre à une demande « féminine » ?

Dans cette histoire, le parent responsable de l'éducation quotidienne de l'enfant, c'est-à-dire Muriel, demandait à l'autre de partager son angoisse. De manière générale, ce sont les femmes aujourd'hui qui trop souvent assument seules cette tâche. Plus elles l'assument, plus l'homme est « surpris » qu'on lui demande d'en faire autant. Sa première réaction sera défensive, il se sentira agressé, alors qu'il ne l'est pas. Il répondra ainsi violemment et ne s'engagera dans une analyse plus objective de la demande qu'après un certain délai, parfois lorsqu'il est trop tard. Mais pourquoi cette violence de Marc ? Le père s'est identifié à son fils, ce qui l'a, pour ainsi dire, touché dans sa masculinité. Il a pris comme s'adressant directement à lui une critique de l'institutrice concernant Emmanuel. Par contrecoup, il en veut à sa femme, non pas parce qu'elle est la mère de son fils, mais parce qu'elle est une femme, comme du reste l'institutrice.

Entre Paul et Virginie, le malentendu affectif est tout aussi évident qu'entre Marc et Muriel, même si ce qui le sous-tend renvoie à une situation différente.

L'un rumine, l'autre s'angoisse

Paul et Virginie ne vivent pas sur l'île Maurice. Leurs aventures et mésaventures sont celles de la vie quotidienne. Tous deux aiment leurs enfants et se soucient de leur éducation ; tous deux travaillent et s'inquiètent de l'avenir. Ils souhaiteraient trouver un meilleur logement, ils aimeraient aussi pouvoir partir tous ensemble, loin, à l'étranger.

Lorsqu'ils sont heureux, Paul et Virginie expriment leur joie de façon à peu près identique. Virginie est cependant plus portée à l'humour. Mais c'est une question de caractère plus que de sexe. C'est lorsque surgit un problème qu'éclate une crise, que les différences d'attitude et de comportement se manifestent avec le plus de force. Paul rumine, Virginie s'angoisse.

À sa première visite Virginie est au bord de la dépression. C'est son médecin personnel qui lui a conseillé de venir me voir. Je me trouve face à une jeune femme sympathique et anxieuse, très anxieuse même. Elle résume son état en une phrase : « Le matin, lorsque je me lève, je me sens déjà très tendue. » À l'évidence, cette femme a un irrépressible besoin de parler, de « vider son sac ». Très rapidement, Virginie m'avoue que son mari l'exaspère et qu'elle songe au divorce. Voilà dix ans qu'elle est mariée à cet homme trop choyé par sa mère, qui ne sort jamais de sa réserve, s'exprime peu, aime son confort et sa tranquillité. Cela a agacé parfois la femme active et énergique qu'elle était, mais globalement Virginie a trouvé chez Paul un calme qui l'équilibrait. Les choses ont changé après la naissance de leur premier enfant, Caroline.

C'est de ce moment que date le sentiment d'insatisfaction croissant qu'elle éprouve à l'égard de Paul. Face aux inévitables difficultés que l'arrivée d'un bébé produit dans la vie d'un couple, Virginie a vu son mari défaillir. La prise de conscience n'a pas été immédiate. En dépit d'un certain féminisme fortement revendiqué avant son mariage, Virginie a longtemps accepté de se charger de tâches dont elle aurait dû théoriquement réclamer le partage. Mais Paul n'est pas le compagnon idéal pour mettre en pratique le principe d'égalité des sexes. L'arrivée de Caroline n'a presque pas modifié ses habitudes.

Leur petite fille s'est développée normalement mais la nourrir, lorsqu'elle était bébé, a toujours demandé une patience infinie. Elle est d'ailleurs restée très difficile. Virginie a culpabilisé et culpabilise encore. Elle-même avait ce type de difficultés lorsqu'elle était petite. Elle sait aujourd'hui que c'était par angoisse. Ainsi, elle craint d'avoir transmis à son enfant sa propre anxiété. Paul n'a jamais cherché à la rassurer.

Il a toujours refusé de faire manger Caroline, même lorsque les rapports étaient passagèrement tendus entre sa femme et sa fille. Ce qui alors agaçait le plus Virginie, c'était d'imaginer derrière le mutisme de son mari d'implicites reproches. Ce qui ne manquait pas de renforcer son sentiment de culpabilité, son angoisse et sa colère.

Virginie précise que Paul adoptait le même comportement, quelle que soit la situation. Aujourd'hui, avec le recul, elle pense qu'il devait souffrir des difficultés de sa fille et même être profondément malheureux de voir sa femme s'angoisser. Mais il n'en disait rien ou s'exprimait si peu que la situation en était encore plus insupportable. La timidité de son mari gênait de plus en plus Virginie. Du coup, ils sortaient moins et recevaient rarement leurs amis.

Arrive ce qui doit arriver. Virginie rencontre un autre homme. Ils partagent les mêmes intérêts professionnels mais aussi les mêmes insatisfactions conjugales. « C'est un homme malgré tout », s'empresse d'ajouter Virginie. Et je me dis que cette dernière réflexion vaut également pour moi. Seulement je suis aussi celui à qui Virginie est venue confier ses tourments. Mon rôle n'est pas de paraître meilleur que les autres mais de lui permettre de parler à l'étranger, imaginairement hostile, que l'homme est devenu à ses yeux. Telle est l'étrangeté du métier que je pratique. Si j'accepte le jeu, c'est parce que je sais la force de destruction que porte en elle l'incompréhension des deux sexes.

La rencontre de son collègue de bureau a plongé Virginie dans de nouvelles angoisses. Que faire ? En parler à Paul ? Le quitter ? Mais qu'adviendra-t-il alors de Caroline ? Virginie se reproche d'être devenue mauvaise. Elle se refuse sexuellement à Paul, et partage consciencieusement tout son temps entre son travail, où elle retrouve cet ami, et sa fille. Elle aimerait que son mari dise quelque chose, qu'il exprime ses doutes, manifeste sa colère, sa peine peut-être. Mais il se tait et continue de ruminer. Il lui arrive d'éclater pour un motif futile, un vêtement qui traîne, une chaise déplacée, mais jamais pour une raison qui pourrait, enfin, les amener à parler franchement du malaise, pourtant bien là.

Virginie souhaite une explication qu'elle pense salutaire. Elle a raison. Ce qu'elle ignore, c'est combien les hommes acceptent difficilement de montrer leurs faiblesses. À l'inverse, ils ne savent pas combien les femmes se sentent maltraitées lorsqu'ils ne partagent pas leurs peines, leurs appréhensions, en un mot, leurs émotions.

Paul était probablement aussi soucieux que Virginie du bien-être de leur fille. Mais quelle différence dans l'expression ! Le dire aurait rendu de grands services à l'un comme à l'autre.

Si la crise conjugale est probablement vieille comme le monde, le divorce est une institution plus récente. De nos jours, il est entré dans les mœurs. George Bernard Shaw avait peut-être raison d'écrire : « Le comportement de nombreux enfants suggère que leurs parents se sont embarqués sur la mer des mariages sans rames. » L'inquiétude naît devant cette trilogie navrante et combien fréquente : mères en difficulté, pères absents ou évincés, enfants malheureux. Derrière le fait de société – la précarité conjugale – se cache un désarroi personnel : la séparation est un événement intime. Irène Théry, dans son livre *Le Démariage* [2], a analysé les « cristallisateurs » de la crise conjugale qui mènent au divorce. Ils diffèrent suivant que le récit des événements est rapporté par l'un ou l'autre sexe. Pour les femmes, les difficultés conjugales – indifférence marquée, intérêts divergents, injures, problèmes sexuels, incompatibilités de caractères, etc. – constituent le premier cristallisateur de la crise. Viennent, ensuite, l'adultère et, ex æquo, la naissance d'un enfant qui catalyse les difficultés, puis la violence physique. Si les difficultés de couple sont également premières dans les récits masculins, l'absence de cristallisateur – « il n'y a pas de crise » – suit juste après. Cette différence peut, selon Irène Théry, être rapportée à une opposition de configuration narrative, entre drame et tragédie. Dans la « tragédie », le divorce est en germe dans la rencontre : c'était le destin des deux personnages qui se sont rencontrés. Dans le « drame », le divorce est un coup de tonnerre dans un ciel serein, un accident extérieur qui touche une union qui aurait pu, aurait dû durer. Or, près de sept tragédies sur dix sont racontées par des femmes et six à sept drames sur dix par des hommes. Virginie vit une tragédie. Son histoire sentimentale s'est tissée comme un destin : quelque chose, selon elle, s'y dégrade inexorablement. Si un divorce survenait, Paul raconterait les événements à la manière d'un drame. Son côté « ruminatif » l'a empêché de formuler, et par conséquent d'élaborer, la genèse de ses problèmes conjugaux. Une rupture le laisserait démuni, sans explication : « C'est comme ça. »

Ainsi en va-t-il, a contrario, de l'état amoureux. Alors que l'homme parlera de « coup de foudre », la femme observera, par une cristallisation progressive, se construire le commencement de l'amour. De la même façon, quand advient la rupture, la femme saura donner des raisons (« C'était un coureur »), là où l'homme, plus immédiat, s'en tiendra aux faits (« Elle est partie avec un autre »). C'est, du reste, pour cette raison qu'une séparation provoquée par la femme est souvent définitive – la décision de rompre a été longue à prendre, mais dès qu'elle est prise, il n'y a plus lieu d'y revenir –, tandis que l'homme qui s'en va agit, la plupart du temps, sur un coup de tête qu'il pourra remettre en cause l'instant d'après. « Il reviendra... », se dit aussi la femme.

L'histoire de Paul et Virginie ne résume évidemment pas tous les types de malentendus possibles entre hommes et femmes, ni même ceux où l'incompréhension mutuelle provient d'expressions émotionnelles mal comprises ou mal supportées par l'autre. Tous les hommes ne ruminent pas, toutes les femmes ne s'angoissent pas. Il existe des tempéraments bien masculins qui extériorisent leur angoisse et des personnalités féminines qui ruminent, ne parviennent pas à surmonter leur timidité, et expriment avec la plus grande peine leurs sentiments.

Il n'en demeure pas moins que les psychologues qui se sont intéressés aux différentes personnalités pathologiques suivant le sexe ont conclu à la prévalence significative de trois types masculins : narcissique, antisocial, c'est-à-dire agressif et violent, et obsessif-compulsif, c'est-à-dire à forte tendance ruminative. J'ai en effet été souvent confronté à des situations du type Paul et Virginie.

Mots cruels, larmes amères

Une femme me racontait un jour qu'elle ressentait fréquemment des douleurs dans le dos, accompagnées de malaises diffus. Aucun diagnostic précis n'avait pu être porté si bien que, lorsque les troubles survenaient, elle s'angoissait terriblement et se sentait encore plus malade. Elle avait à plusieurs reprises essayé d'en parler à son mari mais à chaque fois celui-ci s'était contenté d'un brutal et sec : « Va voir ton médecin. » « Je sais bien, me disait la femme, en pleurant amèrement, que si l'on souffre, il faut aller voir un médecin, mais ce que j'attends dans ces moments-là, c'est évidemment d'être rassurée. » J'expliquai alors à ma patiente en larmes que son mari s'exprimait durement pour se protéger contre l'angoisse qui, par nature, est communicative. Cette manifestation d'égoïsme ou de cruauté était sa réponse à l'anxiété qu'elle manifestait et qu'elle lui communiquait. Elle avait certes raison d'exprimer son inquiétude et de chercher un réconfort. Mais l'homme était angoissé par l'angoisse. Il l'exprimait à sa manière et à l'inverse, il est vrai, de ce qu'il aurait fallu faire.

En général, les femmes expriment mieux leur angoisse, mais elles sont aussi plus dépendantes de leur humeur. Il en va de même pour la colère. On a constaté que ce sentiment, partagé par les deux sexes, ne prenait pas nécessairement chez les hommes et les femmes la même expression : il amènerait les premiers à parler durement, les secondes à pleurer amèrement. Les risques de malentendus sont évidents. Expliquer les pleurs de sa petite fille ou de sa femme par la colère ou le chagrin n'a évidemment pas les mêmes conséquences. On peut constater d'autres divergences. Ainsi, la réponse à la colère de l'autre diffère selon le sexe. Face à un conjoint irrité, les hommes se mettent à leur tour en colère, franchement ou non ; les femmes adoptent une stratégie de compromis ou d'évitement du conflit, avant d'« éclater » si la colère de l'homme est par trop excessive.

Benjamin chahute depuis quelques minutes dans la voiture. Voilà déjà une heure qu'ils roulent sans s'arrêter. Le ton monte. Le père s'énerve et finit par crier plus fort que son fils. La mère, très diplomate, tente alors de faire comprendre à l'enfant surexcité que la coopération de chacun est indispensable pour arriver à bon port : « la route est longue » ; « s'énerver, c'est se fatiguer inutilement » ; « on risque l'accident », etc. La femme a raison.

Hommes et femmes ne parlent pas la même langue

Les particularités affectives propres à chacun des deux sexes permettraient donc de comprendre les malentendus qui surviennent entre hommes et femmes. Est-ce tout ? Les sociolinguistes proposent une autre explication : l'incompréhension entre les sexes résulterait d'une différence fondamentale de langue.

Selon ces spécialistes en communication humaine, la vie de chacun peut être vue comme une suite de conversations, laissant apparaître des différences de styles selon la culture, l'âge, la personnalité mais aussi le sexe. Deborah Tannen [3], sociolinguiste américaine réputée, rapporte l'exemple suivant. Il s'agit de la conversation d'un couple en voiture. « Veux-tu t'arrêter pour boire quelque chose ? » demande la femme. « Non », répond l'homme en toute simplicité. Ils continuent leur route. Et la femme de se mettre en colère et l'homme, perplexe, de s'interroger. Finalement il comprend, sa femme voulait s'arrêter et se désaltérer. Mais pourquoi ne pas lui avoir tout simplement dit ? Et pourquoi un tel cinéma ? Selon Deborah Tannen, la femme ne s'est pas mise en colère parce qu'elle n'a pas obtenu ce qu'elle souhaitait, mais parce qu'on ne lui a pas demandé ce qu'elle désirait. Elle a eu des égards pour son mari, lui n'en a eu aucun.

Une question de statut

Les relations entre les êtres peuvent être considérées comme duelles. Elles se fondent soit sur le rapport humain, soit sur le statut. Dans un rapport humain, les acteurs impliqués ont des places symétriques. À l'inverse, le statut repose sur l'asymétrie, chacun ayant une position sociale déterminée hiérarchiquement. Voici un exemple que nous empruntons une nouvelle fois à Deborah Tannen. Un homme déjeune avec une collègue qui tient à l'inviter pour le remercier du service qu'il a accepté de rendre à l'une de ses amies. Voici son récit : « Le déjeuner fut extrêmement agréable et je dirai ici " symétrique ". Nous nous étions mis justement à discuter de la théorie de Gregory Bateson, cet ethnologue devenu le père du

“ systémisme ”, théorie sur les méta-messages contenus dans le fait d'aider ou de rendre service. Le message de celui qui aide dit : “ Je vous manifeste ma sympathie ”, mais le méta-message : “ Je suis plus compétent que vous. ” Selon cette théorie, l'aide fait du bien à celui qui la reçoit mais aussi à celui qui la procure. Ces réflexions intellectuelles ne nous empêchèrent pas de demander, ensemble, l'addition, moi par galanterie, ma collègue pour honorer son invitation. On amena l'addition et c'est à moi qu'elle fut tendue, évidemment. L'asymétrie avait repris le dessus. Le serveur avait agi en fonction de mon statut social d'homme [4]. » Très souvent, les relations entre hommes et femmes peuvent ainsi être analysées en termes « symétriques » de rapport humain ou en termes « asymétriques » de statut.

J'en donnerai un exemple personnel. Dans le service de consultation que je dirige de nouveaux locaux venaient d'être libérés qui, aménagés, auraient permis de fournir un accueil plus personnalisé. Jusque-là tous les services de consultation étaient regroupés en un seul bâtiment, vaste et anonyme. Seul inconvénient que je notai, mon équipe et moi-même nous trouverions plus isolés. La jalousie de certains collègues était à craindre et je risquais probablement quelques réflexions acerbes. En revanche, j'étais persuadé que mon équipe composée aux trois quarts de femmes partagerait mon enthousiasme. Quelle ne fut pas ma surprise de voir que le projet de déménagement n'emportait pas l'adhésion ! La majorité de mes collaboratrices s'inquiétèrent de l'isolement et des changements qui inévitablement affecteraient leurs relations avec leurs collègues des autres équipes. Elles ne craignaient pas leur jalousie mais plutôt la disparition des solidarités existantes entre les différentes équipes. Je décidai donc de ne pas « déménager », mais avec regret.

Quelques mois plus tard, ma femme m'accompagna à mon bureau. J'en profitai pour lui montrer les nouveaux locaux. Sans hésiter, elle déclara : « Tu as bien fait de rester là où tu es, vous auriez été trop isolés ! » Ma femme comme mes collègues était surtout sensible aux rapports humains, à leur symétrie et à leur maintien. Personnellement, c'étaient le statut et l'asymétrie suscitée par ce changement qui avaient compté. Le plus intéressant fut sans doute ma surprise devant la réaction de mes collègues femmes. Combien de femmes doivent ainsi surprendre leurs confrères, sans l'avoir voulu ! Et combien d'hommes se tromper sur ce que pensent leurs consœurs !

Si l'on suit les sociolinguistes, ma réaction comme celle de mes collègues féminines est typique : « Les femmes se référant à un langage de rapport et d'intimité, et les hommes à un langage de statut et d'indépendance, la communication entre hommes et femmes peut alors se comparer à une communication interculturelle. C'est dire qu'elle sera exposée à des incompréhensions liées aux différents styles de conversation. Ces différences ne sont pas des différences de dialecte, mais des différences de genre [5]. » « Qu'en penses-tu ? » peut tout aussi bien demander l'homme que la femme à son partenaire. Les mots utilisés sont les mêmes. Mais l'homme aura toujours l'air de demander une permission, alors que la femme aimera demander l'avis de son compagnon. Évidemment, ces comportements peuvent varier et parfois même s'inverser, suivant la situation rencontrée ou l'activité pratiquée. Les femmes savent, au besoin, faire reconnaître leur statut et tenir compte de l'aspect hiérarchique d'une situation et les hommes n'ignorent pas l'importance du lien et de l'égalité dans les relations humaines.

Les phrases à ne pas dire

Les sociolinguistes ont analysé minutieusement les « styles » langagiers et la pragmatique de la communication entre hommes et femmes. Pourquoi, par exemple, un homme traite-t-il une femme d'« emmerdeuse » ? Parce qu'une femme répétera sa demande tant qu'elle n'obtiendra pas la réponse souhaitée : elle pense que son mari fera ce qu'elle souhaite pour peu qu'elle parvienne à lui faire comprendre à quel point elle le souhaite. Mais le mari, si je puis dire, ne l'entend pas de cette oreille. Un homme estime qu'une demande sans réponse équivaut à un refus alors qu'une femme pense simplement qu'elle n'a pas été entendue. Se référant à son propre système de valeurs, il ne peut donc pas interpréter correctement l'insistance de sa compagne. Il y voit à tort une manifestation d'hostilité ou l'expression indirecte d'un ordre. Ce qui immédiatement lui hérisse le poil et l'amène à quelques formulations aussi malheureuses que maladroites : « Tu veux toujours avoir raison » ou encore : « Tu veux toujours avoir le dernier mot » ou enfin : « Il faut toujours faire ce que tu veux ».

Autre trait typique et autre source de malentendus : les hommes supportent mal les problèmes en attente. Ils cherchent et proposent rapidement des solutions à tout. Qu'une femme se plaigne et aussitôt l'homme croit que c'est un défi lancé à son imagination : il doit montrer qu'il est capable de résoudre le problème dans la seconde ! Personnellement, j'ai longtemps pensé que ma femme me provoquait lorsqu'elle m'accusait de ne pas être bricoleur. C'était un reproche et un défi. Invariablement, je répondais : « C'est totalement faux, mais je n'ai pas le temps. » Pour le lui prouver, je m'évertuais en vacances à réparer les vélos, à tourner quelques vis par-ci, par-là, me cantonnant aux réparations les plus élémentaires. J'y prenais un grand plaisir, ce qui prouvait bien, à mes yeux, à quel point ma femme avait tort. Je ne crois pas être le seul homme à supporter si mal de ne pas résoudre les problèmes, même sans importance. Les femmes affrontent les difficultés autrement. D'abord, elles en parlent et cherchent à être comprises. Cette symétrie vise à créer un rapprochement avec l'autre. Peine souvent perdue car cette attitude amène alors les hommes à prononcer ces petites phrases dont le seul effet est d'envenimer les choses : « Et si tu arrêtais de te complaire dans tes problèmes ? » ou pis encore : « Laisse-moi faire, je m'en occuperai. »

Les conclusions des sociolinguistes qui ont décodé avec précision les styles de communication propres aux deux sexes sont claires. Hommes et femmes conversent différemment. Cette manière d'analyser nos différences ne me choque pas. Mes conclusions sont à peu près les mêmes. Et n'est-ce pas en comprenant mieux les divergences et les similitudes d'émotions entre les sexes que nous pourrons expliquer les différences de style qui ont été mises à jour par les sociolinguistes ?

« Au début était l'émotion. » Tel est du moins mon sentiment. Comment comprendre autrement les différences que l'on note déjà chez de très jeunes enfants ? Plus important peut-être encore est ce pouvoir que nous avons tous de modifier notre comportement sous l'influence de nos émotions. Les sociolinguistes n'y songent guère, tant à leurs yeux les styles conversationnels sont profondément enracinés dans les pratiques langagières et relationnelles. Mais si nos émotions nous dirigent, nous pouvons en retour agir sur elles, en favoriser l'expression ou, au contraire, en réprimer les manifestations dévastatrices.

« Que veulent-ils », « Que veulent-elles » ?

Ghislaine aura bientôt quarante ans. Elle souhaiterait que son mari lui fasse une surprise pour son anniversaire. Ce qu'elle aimerait par-dessus tout, c'est se retrouver seule avec lui pendant une semaine. Elle rêve d'une île lointaine, de plages de sable blanc où ils pourraient se reposer, se détendre, être ensemble. Les Tropiques ne sont plus tristes. Elle ne dit rien, attend que son mari devine. Lorsque ce dernier parle d'un voyage « en amoureux » sa femme se retient pour ne pas laisser exploser sa joie. Profondément heureuse, elle n'en laisse pourtant rien paraître.

Je la reçois quelques semaines plus tard. Elle se dit déprimée, agressive, toujours insatisfaite. Son mari l'a emmenée à Los Angeles. Cadeau surprise pour l'anniversaire de sa femme, a-t-il fièrement annoncé à tous ses amis. Mais Ghislaine est malheureuse, amère. Ils sont partis chez un ami de son mari. Elle le connaît peu, sa femme encore moins. Elle est rentrée en France plus fatiguée qu'avant son départ. Elle et son mari se sont rarement retrouvés seuls.

Au retour, Ghislaine a cependant exprimé sa déception. Son mari s'est mis en colère et lui a reproché de n'être jamais satisfaite. Elle-même se sent en partie injuste et culpabilise. Lorsqu'elle a évoqué le voyage en amoureux qu'elle aurait tant souhaité faire, son mari est tombé des nues. Il lui rappelle le faible enthousiasme qu'elle a montré lorsqu'il en a parlé. Il y a vu, lui, une manière polie de refuser et en a déduit qu'elle préférait faire un voyage où elle découvrirait son ami dont il lui parlait tant et qu'elle connaissait si peu.

Cette brève histoire est un exemple de malentendu typique. Même souhait de part et d'autre, ici marquer d'une pierre cet anniversaire ; même projet de part et d'autre, partir pour se retrouver. Tout échoue pourtant : la retenue émotionnelle de la femme n'avait pas le sens que lui avait prêté l'homme.

Dans l'expression comme dans la compréhension des émotions, l'un des deux sexes est plus direct, certains diront moins subtil, que l'autre. Le mari de Ghislaine a eu le tort de se fier aux apparences ou Ghislaine, celui de ne pas laisser voir suffisamment clairement la joie qu'elle éprouvait. Or, les rancœurs sont parfois durables, plus durables qu'on ne l'imagine. Elles constituent une source supplémentaire de malentendus, plus pervers cette fois, parce qu'apparemment « sans raison ».

Quelques mois après son voyage raté, Ghislaine s'étonne de l'obstination qu'elle met depuis quelques jours à trouver une veste qui aille avec la jupe qu'elle s'est achetée. Non, décidément, la veste qu'elle a déjà ne convient pas. C'est sa petite fille de quatre ans qui lui permet tout à coup de comprendre le sens caché de son désir. Ce matin, au moment de partir à l'école, Christelle a voulu emporter la poupée que son père lui a, justement, rapporté des États-Unis. Ghislaine a refusé et tenu bon. Christelle a pleuré, crié, trépigné. Lorsqu'elle a compris que sa mère ne céderait pas, elle est finalement allée chercher le livre qu'elle emporte souvent avec elle à l'école. Ghislaine a été heureuse de voir sa fille trouver d'elle-même une solution et un objet de compensation. C'est alors, mystère de l'inconscient, que la raison de son propre entêtement lui est brusquement apparue. Lorsque son mari lui avait annoncé leur voyage à Los Angeles, Ghislaine avait trépigné intérieurement mais elle était restée silencieuse tant il paraissait sûr de son choix. À son insu, la veste est devenue l'indispensable objet de compensation. Toutes proportions gardées, elle réagit comme sa petite Christelle qui, le matin même, désirait tant emmener à l'école la poupée que lui avait offerte son papa.

Hommes et femmes souhaitent-ils autre chose qu'être écoutés, compris et, par-dessus tout, aimés ? Si la femme d'aujourd'hui veille davantage à son propre épanouissement qu'autrefois, l'homme aurait tort d'y voir un signe de rejet. Chaque sexe gagnerait à comprendre que ce que l'autre cherche n'est pas radicalement différent. Encore faut-il, pour que cette vérité soit comprise, que chacun s'ouvre à l'autre. Les intentions ou les projets peuvent être parfaitement identiques de part et d'autre mais leur expression émotionnelle totalement opposée. Les différences portent moins sur le fond que sur la forme. Mais combien la forme est importante ! Alors, que faire ? Toujours donner une phrase d'explication de plus. Consacrer une minute supplémentaire à se faire comprendre permet parfois d'éviter plusieurs heures d'affrontement.

Chapitre II

Émotions de filles, émotions de garçons

Contrairement à ce que nous pensons habituellement, ce n'est pas à l'homme que revient le plus souvent l'initiative de la démarche de séduction. Deux chercheurs américains, le biologiste Timothy Perper et l'anthropologue David Givens ont passé plusieurs centaines d'heures dans les bars de la côte Est des États-Unis, épiant le manège des uns et des autres. Ils ont alors constaté que les femmes faisaient souvent le premier pas. Le signal est discret, le message non verbal. Un léger balancement du corps, un sourire, un regard. Il n'y a aucune raison de penser que la hardiesse féminine soit un phénomène typiquement américain. Méfions-nous donc des apparences et des idées reçues. Ce qui est vrai pour l'entreprise de séduction risque fort de l'être pour l'ensemble des manifestations affectives et émotionnelles.

Le langage universel des grandes émotions

Chacun perçoit ses propres humeurs à partir du sentiment subjectif qu'il éprouve, du comportement qu'il adopte ou, encore, mais le cas est plus rare, de quelques indices physiologiques (détente, sommeil...) qu'il a appris à reconnaître. Hommes et femmes peuvent ainsi pareillement se sentir tour à tour tristes ou gais. Existerait-il donc pour les émotions un langage universel valant pour les deux sexes ? On sait qu'un être humain en proie à la colère adopte une expression faciale caractéristique, celle de l'animal prêt à mordre, lèvres retroussées et dents serrées. Postulée par Darwin dès la fin du XIXe siècle, l'universalité du langage des émotions est aujourd'hui partiellement démontrée.

À l'instar de Descartes, qui distinguait six passions primitives – admiration, amour, haine, désir, joie, tristesse –, les chercheurs actuels s'accordent pour reconnaître l'existence d'un petit nombre d'émotions discrètes, autrement dit différenciées les unes des autres. Ce sont les émotions primaires, en anglais *basic emotions*, que les deux sexes se partageraient, quelle que soit leur culture d'appartenance. Le plus souvent, elles ont été isolées à partir de l'étude de photographies de visages ou de l'analyse du vocabulaire employé pour caractériser les émotions. Certaines sont admises par tous. D'autres sont discutables. Les spécialistes sont par exemple divisés sur la nature exacte du mépris, de la détresse, de l'amour, mais aussi de la honte, de la culpabilité ou de l'intérêt.

Quoi qu'il en soit, il existe bien un petit nombre d'émotions primaires qui se distinguent les unes des autres par les manifestations physiologiques qui les accompagnent, les comportements qu'elles entraînent, ou la perception qu'en a le sujet. Si toutes ont en commun d'être facilement déclenchées et, habituellement, de courte durée, chacune possède son expression morphologique propre, permettant ainsi d'être informé de l'état d'autrui et, par suite, de ses intentions.

Dans un article de 1992 [1], Paul Ekman, spécialiste

renommé pour son travail sur les émotions, a énuméré les neuf critères qui, selon lui, permettent de distinguer six émotions de base.

• À partir de la photographie de mimiques faciales simples et caractéristiques, il a d'abord constaté que certaines émotions étaient reconnues universellement. Quel que soit son sexe, quelle soit sa nationalité ou sa culture, chacun des sujets interrogés s'accorde sur l'expression de la joie, de la colère, de la peur, de la tristesse, du dégoût et de la surprise. Les mêmes réponses sont fournies en Europe ou au Japon, en Amérique du Nord ou en Amérique du Sud. De nombreux autres travaux ont depuis confirmé l'universalité de l'expression et de la reconnaissance des signaux émotionnels primaires.

• P. Ekman a ensuite précisé que l'expression de ces émotions de base était semblable chez de nombreux primates. L'homme l'aurait-il hérité de ses lointains ancêtres ? On sait que l'existence d'expressions émotionnelles chez l'animal est un élément fondamental de la théorie darwinienne.

• Chacune de ces grandes émotions a également pour caractéristique d'être associée à un ensemble de données physiologiques spécifiques. Ainsi le rythme cardiaque est-il élevé dans la colère, la peur, la tristesse, mais il s'abaisse dans la joie, le dégoût et la surprise. De même la température cutanée augmente-t-elle dans un accès de colère alors qu'elle chute dans un mouvement de peur ou de tristesse. Cela semble conforter l'idée d'une inscription phylogénétique, c'est-à-dire d'une inscription dans notre patrimoine génétique qui remonterait à nos lointaines origines animales.

• L'harmonie spontanée entre l'expérience émotionnelle et son expression, constitue pour P. Ekman un quatrième critère de sélection. Des dissociations sont certes possibles mais elles se produisent à des fins de convenance ou de jeu. On connaît le « paradoxe du comédien ». Antonio Damasio rapporte ainsi l'entretien qu'il eut avec la chanteuse d'opéra Regina Resnik [2] qui précisait qu'elle ne ressentait pas les émotions qu'elle exprimait verbalement et physiquement lorsqu'elle incarnait un personnage, à l'exception de son interprétation de la vieille comtesse dans *La Dame de pique* de Tchaïkovski.

• Cinquième critère : la vitesse de déclenchement. Elle différencie les *basic emotions* des autres états affectifs qui reposent sur de subtiles variations dont les déterminants sont moins facilement localisables dans le temps. Ainsi l'euphorie, le désenchantement, la timidité qui peuvent être considérés comme des « émotions secondaires », déclinées des précédentes – respectivement la joie, la tristesse et la peur. Moins « primaires », elles sont modulées par l'expérience, les circonstances, et les nuances que la pensée introduit. Leur déclenchement est moins précis.

• Si l'expérience subjective de ces six émotions universelles, communes aux deux sexes, peut être durable, leurs manifestations objectives ont une durée limitée. Ce caractère temporaire les différencie également de l'ensemble des « humeurs » bonnes et mauvaises.

• Lorsque l'une de ces émotions surgit, elle le fait brusquement, sans volonté délibérée nécessaire. Elle suit les voies motrices, sensorielles, végétatives prédéterminées par la physiologie. Le sujet se contente d'en percevoir automatiquement le mécanisme.

• Réactives, ces émotions sont initialement incontrôlées et difficiles à éviter, même si leur anticipation permet d'en réduire partiellement l'effet.

• Le dernier critère retenu, l'universalité des événements déclencheurs, est sans doute l'un des plus discutés en raison des spécificités culturelles chères aux anthropologues.

Deux chercheurs ont poussé plus loin l'expérience

de P. Ekman. Ils sont partis en Nouvelle-Guinée à la rencontre d'une peuplade découverte depuis seulement quatorze ans et dont aucun des membres n'avait encore été en contact avec des commerçants, des administrateurs ou des missionnaires. Ces chercheurs leur ont demandé de choisir parmi trois photographies celle correspondant le mieux à l'histoire qu'ils venaient de leur raconter, laquelle exprimait une émotion de base. Les réponses concordaient largement. Poursuivant leur recherche, ils ont demandé à leurs hôtes de s'identifier au héros de l'une des précédentes histoires et ont filmé l'expression de leur visage. À leur retour, ils ont montré ces films à un groupe d'étudiants américains. Ces étudiants, qui n'avaient jamais vu d'habitants de Nouvelle-Guinée, n'ont eu aucun mal à identifier les émotions exprimées. Seules la peur et la surprise ont été confondues. Il est vrai que dans cette tribu de Nouvelle-Guinée les événements qui surprennent suscitent également la peur.

D'autres exemples pourraient être cités. Combien de nous connaissent cette loi universelle qui veut qu'inconsciemment chacun de nous réagisse différemment selon que l'interlocuteur a ses pupilles dilatées ou contractées ! Les premières provoquent des réactions positives, les secondes, des réactions négatives. Qui veut amadouer ou séduire son vis-à-vis doit donc s'exposer à une lumière tamisée ! La loi ne souffre pas d'exception, à ma connaissance.

De simples photos ont donc fourni la preuve que la reconnaissance de ces six émotions de base était universelle. On a même pu montrer qu'il n'y avait aucune différence significative dans l'appréciation de l'intensité des émotions photographiées. Si l'universalité de l'expression faciale des émotions est démontrée, peut-on établir des distinctions suivant le sexe ? Non. Les neufs critères retenus par P. Ekman sont asexués. Tout homme, toute femme, est capable d'exprimer physiquement et de reconnaître ces six émotions primaires qui sont jugées fondamentales pour la communication sociale.

Toutefois ces émotions de base ne sont pas si fréquentes dans la vie quotidienne. Interrogez à brûle-pourpoint vos amis et demandez-leur s'ils ont ressenti, le jour même ou la veille, l'une de ces six émotions. Seulement 10 % vous répondront par l'affirmative. Au jour le jour, nos émois sont plus variés et plus subtils. Nous passons tout à tour de l'amitié à l'ennui, de la rancune à la gaieté. Le vocabulaire désignant l'ensemble des sentiments et des émotions est pareillement riche et complexe. La langue française dispose d'au moins cent cinquante termes permettant d'exprimer les différentes nuances. Puisque notre propos porte sur le « genre * » des émotions, remarquons qu'en français le mot « émotion » lui-même est féminin. La joie, la tristesse, la peur ou l'angoisse, la colère, la surprise aussi. Seul le dégoût est du genre masculin. Représentation symbolique ou convention linguistique ? On sait en effet que le genre des noms est obligatoire en français. Une amie m'a fait justement remarquer que la langue allemande « bisexuait » mieux les émotions que la langue française. Ainsi, nous ne prendrons qu'un exemple : pourquoi le mot « amour » est-il du genre masculin, quand « amours » est du féminin ?

Résumons-nous : tout être humain peut se sentir et se dire heureux, triste ou anxieux, quel que soit son sexe. Cela ne veut pas dire que les hommes et les femmes éprouvent le même type d'émotions, avec la

* Traduire le mot « *gender* » en français n'est pas facile. Sa signification en anglais a considérablement évolué en quelques décennies. Indiquant à l'origine une différence physique ou une différence de genre grammatical, le terme désigne aujourd'hui l'orientation sexuelle culturellement acquise. Certains distinguent donc le « sexe » du « genre », distinction que je ne respecterai pas dans le présent ouvrage.

même fréquence et la même intensité. Cela ne veut pas dire non plus que des circonstances analogues font naître chez les deux sexes des émotions identiques. Tantôt nous fuyons nos émotions ou celles des autres, tantôt nous les libérons ou les partageons. Mais fait-on de même lorsqu'on est un homme ou une femme ?

Au commencement étaient les bébés

Invariablement, chaque fois qu'un bébé est annoncé, la même question fuse : « Alors ? C'est une fille ou un garçon ? » Dès les premiers jours de son existence, un bébé se retrouve donc dans un monde sexué et hautement différencié. À première vue pourtant, le comportement émotionnel du nouveau-né ne laisse guère apparaître de différences. Tous crient ou s'agitent pour signifier qu'ils ont faim ou réclamer de l'attention. Une fois nourris ou caressés, ils paraissent détendus. Ils sourient. Leurs expressions, leurs mouvements ont beau ne pas toujours se ressembler, il est en toute objectivité impossible de reconnaître la gamme différenciée des émotions humaines.

Et puis, en quelques mois, tout change. Les premières manifestations d'émotions apparaissent. L'expression émotionnelle de la surprise se fait entre un et trois mois, celle de la colère entre deux et quatre mois, celle de la joie entre trois et cinq mois, celle de la crainte entre cinq et neuf mois, celle de la honte et de la culpabilité entre douze et quinze mois, celle du mépris entre quinze et dix-huit mois. En fait, la plupart des enfants sont capables, à l'âge de dix-huit mois, de désigner certaines de leurs émotions. Dès la première année de maternelle, ils peuvent parler de leurs émotions ou de celles d'autrui, en évoquer les causes ou les conséquences. À trois ans, au plus tard, le bébé a rattrapé l'adulte. Il possède désormais tout l'éventail des émotions humaines. Que s'est-il passé pour ces petites filles et ces petits garçons ?

Une émotivité partagée

Il est une croyance très répandue selon laquelle les filles seraient par nature plus émotives que les garçons. Mme du Deffand écrit même dans sa correspondance : « Les femmes sont si avides d'émotions que la plupart d'entre elles préfèrent le malheur à la tranquillité. » C'est bien vu mais cela ne vaut pas pour le bébé.

Les premiers signes d'émotivité ou de détresse chez le bébé se manifestent par des cris et des pleurs. Angoisse ou colère ? Difficile à dire jusqu'à l'âge de quatre ou cinq mois, mais difficile aussi de se tromper : Monsieur ou Madame Bébé n'est pas content. Toutes choses égales par ailleurs, les filles devraient manifester plus souvent ce type de comportements, victimes de leur nature prétendument plus émotive. La plupart des études menées sur le sujet ont montré qu'au cours de la première année les bébés des deux sexes crient et pleurent avec la même fréquence. De même, les réactions à la séparation – comportement d'attachement inné qui serait transmis génétiquement et serait donc « naturel » – sont parfaitement identiques chez les bébés filles et chez les bébés garçons.

Toute maman sait pourtant qu'une petite fille ou un petit garçon n'exprime pas ses émotions de la même manière. Observés attentivement, les bébés montrent, dès leur naissance, des comportements émotionnels spécifiques, différents et bien marqués suivant leur sexe.

Les garçons sont, dès les premiers mois, d'humeur changeante. Ils sont aussi plus difficiles à consoler. Les filles, en revanche, sont émotionnellement plus stables. Elles sourient et vocalisent avant et plus souvent que les garçons. Elles disposent, pour exprimer leurs émotions et se faire comprendre, d'une gamme plus large de mimiques. Elles expriment, enfin, davantage leurs émotions dans les relations qu'elles entretiennent avec leur entourage. N'en doutons pas, nos petites filles sont des reines en communication. Elles parleront, du reste, plus tôt et mieux.

L'avantage leur revient également lorsqu'il est question du développement des sens. À peine âgées de quelques heures, les filles manifestent déjà une grande réceptivité aux émotions de leur entourage immédiat, répondant par exemple aux pleurs d'un autre bébé alors qu'un garçon n'y prêtera aucune attention.

Comment expliquer cette meilleure communication émotionnelle des filles ? Les résultats de l'étude menée en 1984 par J. Cunningham et L. Shapiro méritent d'être rapportés [3]. Ces deux chercheurs ont établi que les bébés garçons étaient plus intensément – ce qui ne signifie pas plus fréquemment – expressifs que les bébés filles. Pour se faire entendre, les petites filles seraient en grandissant obligées d'amplifier leurs expressions émotionnelles. Elles « apprendraient » à travailler plus intensément pour communiquer leurs émotions dont la manifestation serait spontanément moins bien comprise. Cela peut en partie expliquer pourquoi les femmes sauront mieux, plus tard, exprimer leurs émotions ou reconnaître celles d'autrui. Petites filles, elles ont dû apprendre à s'intéresser aux expressions de leurs proches afin de s'assurer que leurs propres sentiments seraient pris en compte.

La colère des tout-petits

Tous les enfants naissent avec la capacité d'exprimer la joie, la peur, la colère, la tristesse, le dégoût, la surprise. Mais c'est progressivement que va se faire l'émergence de ces différentes émotions. Voyons plus précisément ce qu'il en est de la colère. L'apparition de ce sentiment dépend-elle du sexe de l'enfant ? Non, si, comme nous l'avons vu, les cris et les pleurs du tout-petit sont l'expression de ce sentiment. Filles et garçons découvrent la colère approximativement au même âge, entre deux et quatre mois.

Chez le nourrisson, ce sentiment se manifeste en particulier lorsqu'un adulte ou un autre enfant l'empêche de se mouvoir comme il semble le souhaiter. La réponse faciale et motrice caractéristique correspond alors généralement au besoin de surmonter l'obstacle. La colère serait donc un comportement adaptatif, permettant de vaincre ce qui empêche d'accéder au but choisi. Notons que cette définition suppose que le bébé est alors déjà en possession de certaines connaissances relatives à ses propres capacités.

Très tôt, l'expression de cet affect différencie clairement les bébés filles des bébés garçons. Ceux-ci sont plus agressifs. Différence de tonus physique ? Les filles seraient-elles donc moins robustes, ce qui expliquerait leur moins grande agressivité ? Rien n'est moins sûr. Dans ses nombreuses études sur la gémellité, René Zazzo a montré que les filles sont plus toniques que leur jumeau et marchent plus tôt. En revanche, l'agressivité des garçons est incontestablement liée à l'influence des hormones prénatales, notamment des androgènes, hormones de la masculinité. La preuve nous en est fournie par l'étude d'une malformation congénitale de la glande surrénale qui se rencontre chez les deux sexes et que l'on appelle l'« hyperplasie surrénalienne ». La glande surrénale est dans l'organisme celle qui secrète une bonne part des hormones androgènes. La comparaison de petites filles souffrant d'hyperplasie surrénalienne traitée précocement et d'enfants ne présentant pas cette affection a montré que les filles « androgénéisées » à leur naissance étaient plus agressives dans les premières années de leur vie. Davantage intéressées par les jeux « musclés », jouant plus volontiers avec les jouets habituellement réservés aux garçons, elles préféraient aussi la compagnie des camarades de l'autre sexe. Les traditionnelles occupations des petites filles, jeux de poupées ou jeux comprenant un rôle imaginaire de mère, les attiraient moins [4]. Les garçons qui présentaient la même anomalie montraient pareillement une plus forte agressivité que leurs camarades masculins ou même que leurs frères, ce qui excluait qu'il puisse s'agir d'une tendance familiale [5]. D'autres études vont également dans le sens d'une prédisposition comportementale sexuée d'origine hormonale.

La parole aux parents

Des expressions émotionnelles caractéristiques peuvent être observées chez de très jeunes bébés. Les vocalises en constituent l'une des premières modalités. Elles sont d'autant plus facilement repérables qu'elles attirent l'attention, sont contagieuses et entraînent souvent une réaction parentale. Les mamans n'ont généralement aucune peine à « interpréter » les vocalises de leur bébé. Toute la difficulté est de savoir si les mères répondent à une émotion réellement ressentie par leur enfant ou si leur réponse reflète leur propre système de croyances. La question est d'importance pour qui essaie d'évaluer le rôle des parents dans la sexualisation progressive de l'enfant.

Depuis quelques années, Michael Lewis [6] étudie tout particulièrement le développement des émotions chez le bébé et le jeune enfant. Aucun doute possible selon lui. Au tout début de son existence, un petit homme ne manifeste que trois types d'émotions : la satisfaction, première forme de joie, marquée par la satiété et la réponse positive aux stimulations ; l'intérêt, précurseur de la surprise, qui s'exprime dès cet âge par l'attention portée à l'entourage et, enfin, l'insatisfaction que traduisent les cris et l'agitation.

L'insatisfaction est sans doute le précurseur de nombreux autres affects négatifs : la tristesse observée comme telle dès l'âge de trois mois lorsque les mères cessent de jouer avec leur bébé ; le dégoût qui apparaît dans sa forme primitive lorsque le bébé recrache ou rejette ce dont le goût lui déplaît ; la colère qui se manifeste généralement entre deux et quatre mois ; enfin, la peur proprement dite qui, contrairement à ce que les adultes imaginent à tort, ne peut apparaître avant l'âge de cinq mois puisqu'elle exige, pour être éprouvée, des acquisitions cognitives permettant d'évaluer les situations.

« Regardez comme il est fier », dit cette maman de son fils qui, toute à la fierté qu'elle éprouve, oublie que son enfant est, lui, encore incapable d'un tel sentiment. Comme la honte, la culpabilité, le mépris ou l'embarras, la fierté n'apparaît en effet qu'entre un an et demi et trois ans, âge où l'enfant a acquis l'indispensable conscience de soi et intériorisé certaines normes et règles sociales.

Tout parent attribue à son enfant des émois qu'il ou elle est encore trop jeune pour ressentir. Cela ne constitue en rien un obstacle au bon développement du bébé à moins qu'en raison de projections préconscientes ou inconscientes, la mère ou le père, plus rarement les deux, ne prête systématiquement à l'enfant un sentiment qui ne correspond pas à ce qu'il éprouve.

L'évolution émotionnelle du bébé est de mieux en mieux connue. Peut-il déjà se dire : « J'ai peur » ou « Je suis heureux » ? Non. Cela nécessiterait chez lui une conscience de soi qui ne viendra qu'ultérieurement. Cela ne signifie pas pour autant que les bébés n'aient pas d'états émotionnels. De toute façon, on le leur en attribue et, le plus souvent, cette projection parentale favorise le développement de l'enfant dans tous les domaines et, en particulier, dans les processus émotionnels de socialisation, c'est-à-dire dans la capacité de comprendre et de se faire comprendre et dans le plaisir et le déplaisir pris dans les relations humaines.

Pourquoi pleurent-ils ?

Dans le développement des émotions, le rôle du contexte et en particulier du contexte familial est capital. L'éducation favorise les dispositions affectives naturelles très précocement, comme le prouve l'expérience suivante. On projette l'image d'un bébé de neuf mois en pleurs et l'on interroge un groupe d'adultes des deux sexes : « Pourquoi ce petit garçon pleure-t-il ? » « Parce qu'il est en colère », répondent généralement ces hommes et ces femmes. On reprend la même photographie, on la présente à un groupe identique. « Pourquoi cette petite fille pleure-t-elle ? » demande-t-on alors. « Parce qu'elle a du chagrin. » L'interprétation d'une même image a donc varié avec le sexe prêté au bébé [7]. Comment mieux prouver la force des stéréotypes culturels ? Bébés, nos parents nous ont traités différemment, selon que nous étions de l'un ou de l'autre sexe. Devenus à notre tour parents, nous faisons de même.

Au cours des premières semaines de la vie de l'enfant, les parents adoptent un comportement différent, largement dicté par le sexe du bébé. Pères et mères privilégient ainsi les face à face et les interactions affectives vocales avec leurs petites filles. Ils manifestent en leur présence des émotions plus fréquentes et plus variées. Enfin, c'est avec elles qu'ils parlent plus volontiers de choses tristes, gardant la colère ou la violence pour leurs fils.

Mais le comportement des deux parents n'est pas semblable en tout point. Les pères questionnent ou menacent davantage, surtout leur garçon. Ils interrompent plus fréquemment leurs enfants, leur parlent de façon plus abstraite, emploient davantage de termes péjoratifs. Remarquons que ces caractéristiques se retrouvent à l'identique dans les relations masculines qui se nouent à un âge plus avancé. En retour, les enfants, garçons et filles, une fois en âge de parler, avouent qu'ils confieraient probablement plus volontiers leur tristesse et leur colère à leur mère qu'à leur père.

Les pères ne sont pas seuls en cause. Les interactions d'une mère et de son enfant, entre deux mois et demi et vingt-deux mois, ont été étudiées. On a alors remarqué que les mamans manifestaient, lorsqu'elles jouaient avec leurs petites filles, davantage d'émotions et en particulier d'émotions positives. De même, on s'est aperçu que les mères répondaient « en miroir » aux expressions émotionnelles de leur fils alors qu'elles répondaient plus facilement à leur fille en adoptant une expression émotionnelle autre que celle manifestée par l'enfant. Enfin, elles sourient davantage à leurs filles [8] qu'à leurs fils [9] qui le leur rendent bien.

Globalement, les mères sont donc davantage expressives avec leur bébé fille, qu'il s'agisse du nombre ou de l'intensité des émotions manifestées. On comprend mieux que les filles acquièrent vite une palette d'expressions émotionnelles plus large que les garçons : les émotions qu'elles expriment dès l'âge de sept mois sont plus fréquentes et plus variées.

Les phénomènes d'identification montrent là toute leur force. Hommes et femmes souhaitent inconsciemment servir de modèles au risque, parfois, de reproduire sans s'en apercevoir des schémas qu'ils combattent consciemment. Par exemple, une mère amenée à parler de l'agressivité ou de la colère le fera différemment avec sa fille ou son fils. Dans le premier cas, elle essaiera de restaurer la concorde et évoquera volontiers les sentiments de l'autre personne, enfant ou adulte, qui s'est mise en colère. « Sois gentille », lui conseillera-t-elle pour finir. Rien d'étonnant que les femmes soient globalement plus « relationnelles » que les hommes ! C'est un tout autre discours que la mère tient à son fils. Elle ne cherche plus alors à rétablir à tout prix l'entente passée et va même jusqu'à accepter que son enfant nourrisse le désir de se venger. « Défends-toi », lui dira-t-elle.

Cependant, les tempéraments individuels existent bel et bien tout comme les caractéristiques génétiques, masculines ou féminines. Mais certains théoriciens pensent à tort que la différenciation émotionnelle est plus fortement déterminée par la biologie que par les facteurs interactifs. C'est très vraisemblablement le contraire car la socialisation semble être le facteur le plus important.

L'observation des bébés, filles et garçons, montre donc une vie émotionnelle initialement comparable, se développant et se différenciant progressivement. L'influence des « projections parentales » sur l'attribution féminine ou masculine des affects est encore plus importante que nous ne l'imaginons. En témoignent de nombreuses expériences, dont celle-ci : les hommes et les femmes à qui l'on demandait de juger des traits de personnalités significatifs de l'un ou l'autre sexe (Quel sexe est bruyant ? Quel sexe coopératif ? Quel sexe affectueux ?) disaient ne faire aucune distinction entre les bébés filles et les bébés garçons. En revanche, ces mêmes adultes à qui l'on demandait d'interagir avec des bébés – jeux, vocalises, contacts, etc. – laissaient apparaître dans leur comportement des différences « sexuées ». Si, consciemment, nous pensons ne pas faire de différence entre les bébés filles et les bébés garçons, inconsciemment nous nous comportons différemment selon le sexe de l'enfant.

Un bébé au comportement identique sera perçu tout à fait différemment par les hommes et par les femmes selon qu'il appartient à tel ou tel sexe. Nous pouvons même penser que les réactions adultes aux expressions émotionnelles des bébés auront des conséquences importantes sur la manière dont ces enfants ressentiront, plus tard, leurs propres émotions.

Ainsi, notre devoir de parents et d'adultes sera surtout de veiller à ne pas être dupes de nos propres schémas inconscients et de modérer tout excès pouvant insuffisamment préparer l'enfant à la société de demain, plus exigeante sur la question de l'égalité des sexes. Dès le plus jeune âge, le partage des émotions, quelles qu'elles soient et qui que l'on soit, fille ou garçon, facilite la vie future.

Superman dans le coin des poupées

Julie, six ans, porte avec précaution un seau rempli d'eau. Alexandre en a besoin pour construire son château. Muni de sa pelle, il tape avec toute l'énergie de ses quatre ans sur le sable que son cousin Fred, même âge, ramasse à pleines mains. Lorsqu'il en est à peaufiner son chef-d'œuvre, Alexandre devient soudain étrangement calme. Tout à coup, pour une raison mystérieuse, le petit Anatole donne un grand coup de pied dans la construction. Alexandre crie; Fred, la main pleine de sable, s'élance; Anatole s'enfuit à toutes jambes. Mais Julie s'assoit, sourit à ses camarades et entreprend de redresser les parois de l'édifice effondré.

Filles et garçons

Jusqu'à un an, un enfant joue indifféremment avec tout. Passé cet âge, le petit garçon va extérioriser son agressivité dans le choix de ses jouets ou dans l'utilisation qu'il en fait tandis que la petite fille contrôle et intériorise davantage ses impulsions. Vers dix-huit mois, 27 % des enfants de sexe masculin choisissent d'eux-mêmes le camion ou les petits soldats, et 44 % de l'autre sexe le landau ou la dînette. Donnez un séchoir pour poupée à une petite fille, elle séchera les cheveux de son « enfant », parfois avec un certain sadisme. « Tu me brûles », lui fait-elle dire. Quant au petit garçon, il a déjà transformé le séchoir en pistolet !

Des distinctions apparaissent dans ce qui, jusque-là, était communément partagé par tous les enfants, les cris et les pleurs. À la maternelle, la fréquence des cris et des pleurs est encore semblable entre trois et cinq ans, mais les situations qui suscitent ces réactions émotionnelles ne sont plus identiques. Les filles pleurent pour un « bobo ». Les garçons sont davantage sensibles à la frustration. Ils supportent plus difficilement qu'un adulte les empêche de jouer ou qu'un objet leur résiste.

Ceci confirme un tempérament plus agressif qui va encore s'accentuer en vieillissant. Un chercheur a eu l'idée de demander à un groupe de parents de tenir un journal où ils noteraient les accès de colère de leur(s) enfant(s), ainsi que les événements précédant et suivant ces éclats. Entre deux ans et demi et cinq ans, les garçons devenaient progressivement deux fois plus coléreux que les filles !

D'autres travaux ont porté sur l'anxiété enfantine. Le Questionnaire d'anxiété manifeste des enfants (QAME) se présente sous la forme d'une liste de trente-sept questions auxquelles les enfants répondent par oui ou par non. Il permet d'évaluer le niveau et la nature de l'anxiété entre six et dix-neuf ans, en fonction de trois types de facteurs : les manifestations physiologiques d'anxiété – cœur qui bat, boule dans la gorge, etc. –, l'inquiétude et l'hypersensibilité, enfin, la peur et l'inattention. Qu'observons-nous ? Que les filles obtiennent des scores supérieurs aux garçons et que cet écart s'accroît avec l'âge, notamment à partir de l'adolescence. Mais ces échelles mesurent-elles la réalité de l'état anxieux ? Les filles n'obtiennent-elles pas des résultats plus élevés parce qu'elles reconnaissent mieux leurs émotions alors que les garçons admettent moins facilement leurs faiblesses ? Le test de l'échelle d'anxiété pour enfants qui ne repose pas sur une auto-évaluation permet de lever partiellement cette incertitude : les résultats obtenus laissent apparaître un même écart, moins prononcé il est vrai. L'étude menée par R. Lapouse et M. A. Monk apporte une confirmation de plus [10]. Ces deux chercheurs ont interrogé les mères de quatre cent quatre-vingt-deux enfants âgés de six à douze ans parmi lesquels 49 % de garçons et 51 % de filles. Sur les 43 % d'enfants présentant « de fréquentes peurs ou inquiétudes », près des deux tiers étaient des filles. Les mères n'étaient que très légèrement en dessous de la vérité : à partir de leurs réponses, on arrivait au chiffre de 41 %. S'il est donc exact que les filles avouent plus facilement leur inquiétude, les échelles d'évaluation et les tests psychologiques montrent incontestablement chez elles un potentiel d'anxiété supérieur, surtout à partir de l'adolescence. Il est vrai aussi que très tôt les parents favorisent ces différences d'expressions émotionnelles chez leurs enfants. Ainsi les parents des tout-petits trouvent déjà spontanément que leurs filles sont plus douces, plus jolies, plus délicates et leurs garçons plus alertes et plus robustes [11]. Plus tard, lorsque leurs enfants grandissent, ils les poussent à mener des activités différentes, selon qu'ils appartiennent à l'un ou l'autre sexe. À la maison, les parents encouragent leurs filles à jouer à la poupée ou à danser, ils les incitent à proposer leur aide ou leur demandent de les accompagner. En revanche, ils cherchent à les calmer dès qu'elles se mettent à courir dans tous les sens ou à sauter dans la maison. Face à leurs garçons, leur comportement est tout autre. Ils n'hésiteront pas à détourner leur fils des jouets de fille et à le pousser vers des jeux plus masculins, voiture ou cubes.

Ces deux chercheurs ont également constaté une différence d'attitude entre les pères et les mères. Ce sont eux qui généralement encouragent les manifestations d'affection de leurs petites filles – le contre-œdipe des pères est plus précoce qu'on ne l'imagine – et s'opposent à ce que leurs garçons jouent à la poupée – peur de leur bisexualité refoulée ? Ce sont les mères, en revanche, qui insistent surtout pour que leurs filles aident les autres enfants. Autre point commun assorti d'une nouvelle différence : on a constaté qu'à partir des livres d'images qui leur étaient confiés, les parents d'enfants en âge préscolaire racontent les histoires différemment selon que leur récit s'adresse à une fille ou à un garçon. Les pères utilisent davantage de termes émotionnels quand ils s'adressent à leur fille, évitant seulement le mot « dégoût ». Les mères font de même mais éviteront notamment tout terme évoquant un sentiment d'agressivité ou de colère. Confortant ces différences au sein de la famille, l'étude des interactions enseignants-enfants montre que les éducateurs sourient davantage et manifestent plus d'affection aux petites filles qu'aux petits garçons [12].

Amitiés, amitiés

Aujourd'hui, on insiste de plus en plus sur le rôle des enfants du même âge dans la différenciation sexuée des émotions. Il se ferait sentir à partir de deux ans. Les filles jouent en petits groupes, ce qui favorise l'intimité, l'entente et la coopération et réduit l'hostilité et les risques de conflits ouverts. Les garçons jouent en bandes. D'où les oppositions, les chamailleries et les bagarres.

Deux chercheurs, V. G. Paley [13] en 1984 et D. Tannen en 1990, ont étudié les jeux de jeunes enfants américains en *nursery school*. Elles ont découvert que les filles cherchaient à créer et à maintenir des liens, même au prix d'un effort personnel évident. Ainsi, dès leur plus jeune âge, elles n'hésitent pas à mettre en avant leurs propres imperfections et à valoriser les qualités de leurs camarades. Devenues adultes, elles conserveront cette plus grande aptitude à exprimer leurs émotions « négatives » – culpabilité, crainte, sentiment d'être blessée, etc. – qui favorise la compréhension et la tolérance face aux sentiments d'autrui. Les garçons, au contraire, choisissent volontiers des situations de jeux où la compétition et l'auto-promotion sont valorisées. Leurs fantasmes de super-héros peuvent alors se manifester pleinement.

Les récents travaux de L. R. Brody [14] confirment l'importance des camarades dans le développement affectif de l'enfant. Cette enseignante du département de psychologie de l'université de Boston vient de montrer que les hommes sont plus chaleureux lorsque leurs sentiments d'amitié vont à une femme et que les femmes se mettent davantage en colère face à un homme. Pour cet auteur, ces différences d'expressions d'amitié ou de colère sont attribuables aux fréquentes interactions entre les deux sexes. Entre deux personnes du même sexe, les tendances naturelles se renforceraient alors qu'elles s'inverseraient entre deux personnes de sexe opposé. Les femmes qui passent plus de temps en compagnie d'autres femmes consolideraient positivement leur affectivité et négativement leur manque d'agressivité. Les hommes en compagnie d'autres hommes feraient le contraire, développant leur agressivité sans s'enrichir d'émotions positives. Ils seraient donc moins habitués à exprimer leur agressivité à une femme ou à marquer leur affection à un autre homme. Pour l'autre sexe, ce serait exactement l'inverse.

Ce phénomène mérite toute notre attention. Il amène tout naturellement à conseiller aux adultes de fréquenter davantage l'autre sexe afin de profiter au mieux de toute la richesse affective. Il amène à recommander aux parents de veiller à ne pas exagérer l'effet des stéréotypes éducatifs. Filles et garçons, hommes et femmes, nos émotions seront plus variées si nous nous tournons vers l'autre sexe au lieu de rester entre nous.

Bébés, les filles sont déjà les reines de la communication et les garçons les rois de l'intensité expressive (mais pas de la fréquence). Par la suite, les différences se renforcent au point que certains chercheurs estiment que le sexisme est à son comble entre deux et six ans. À cet âge, les enfants subissent quotidiennement l'emprise des stéréotypes culturels (douceur féminine, force masculine, etc.). Eux-mêmes adhèrent fortement à ces représentations sociales. Dès l'âge de trois ans, les enfants distinguent les « sentiments de fille » et les « sentiments de garçon ». Cette adhésion a pour effet de renforcer le conditionnement réciproque des enfants de même âge. Garçons et filles, par le choix et l'organisation de leurs jeux, « apprennent » à se différencier émotionnellement entre eux.

Les spécialistes du développement de l'enfance

savent bien, depuis Freud et Piaget, que l'identité sexuée, celle qui fait que l'on se reconnaît comme fille ou comme garçon, se constitue autour de la troisième année. Certains affirment même que l'enfant prend conscience qu'il est une fille ou un garçon dès l'âge de dix-huit mois. Pour la majorité d'entre nous, le sentiment d'appartenance générique reflète l'état civil déclaré à la naissance et s'accorde avec le sexe biologique. L'exception à cette règle générale est évidemment constituée par les cas de transsexualisme où le sujet, parfois dès la petite enfance, a la conviction d'appartenir à l'autre sexe : « Je suis une femme dans un corps d'homme » ou « un homme dans un corps de femme », dira-t-il de lui-même, formule qui rend parfaitement compte de l'inadéquation des deux natures, profonde et biologique.

Vers cinq ou six ans, l'identité sexuée est normalement constituée. C'est aussi à cet âge que les situations suscitant des réactions émotionnelles se différencient et que les garçons apparaissent nettement plus coléreux que les filles, et les filles nettement plus anxieuses que les garçons. Il est d'autant plus important que les enfants des deux sexes soient associés aux mêmes jeux ou se retrouvent sur les mêmes bancs d'école et que parents et enseignants les éduquent ensemble. Faute de quoi, la découverte naturelle de l'autre sexe au cours de l'étape suivante, à l'adolescence, risque de provoquer un clivage entre l'attirance physique et sexuelle et la vie affective dans toute sa richesse, la sexualité prenant un chemin, la tendresse et l'amour un autre.

ÉMOIS D'ADOLESCENTS

À l'entrée de l'adolescence, les amitiés prennent un sens nouveau. L'enfant commence à s'éloigner de ses parents et à se forger son identité propre. Il se rapproche des autres adolescents. Les sentiments de plénitude, de partage, d'union qui lient pour la première fois à un autre être humain atténuent alors les différences. De nos jours, l'âge moyen des premières relations sexuelles est de dix-sept ans et trois mois pour les garçons, de dix-sept ans et six mois pour les filles. L'attirance ressentie et l'attraction exercée cimentent les sexes. Seule la première rencontre ou les premiers instants d'une relation font apparaître une différence, les filles laissant l'initiative aux garçons. Toutes les observations montrent que cette inégalité initiale ne se maintient pas. Autre point commun : la réserve des adolescents. Seulement 26 % des filles et 16 % des garçons parlent ainsi de leurs premières relations sexuelles à leurs parents.

Le développement psychosexuel

La sexualité est un point focal dans l'existence d'un adolescent. Elle comporte une part active, nécessite une élaboration mentale, mobilise le corps et son image. Elle se déroule en fait sur deux niveaux, celui de la psyché, siège des fantaisies et des fantasmes, et celui de la réalisation où les fantasmes sont agis.

Le développement psychosexuel ne débute pas à l'adolescence. Nous le savions depuis Freud. Il est de toute façon difficile pour un adulte d'ignorer l'intérêt des enfants pour la sexualité : fréquentes questions sur ce qui différencie la fille du garçon, découverte du corps et notamment de la masturbation. Pour les psychanalystes, la sexualité infantile ne se limite pas aux activités et aux plaisirs liés au fonctionnement de l'appareil génital proprement dit. Tout le corps est source de plaisir.

L'adolescence marque pourtant un vrai tournant dans la vie sexuelle d'un individu. C'est alors que se développe l'appareil génital, que se produit la première activité sexuelle, que se font certaines modifications intrapsychiques. La mise en place d'une organisation sexuelle définitive incluant désormais des organes génitaux physiquement matures constitue l'une des tâches fondamentales de cet âge. À travers la réalisation sexuelle, l'adolescent doit tenter de concilier l'impératif du besoin sexuel, l'affirmation de son identité sexuée et les différentes représentations qui y sont associées.

Des difficultés dans ce travail d'élaboration peuvent surgir et s'accompagner de troubles douloureux. Il convient à cet égard de maintenir une distinction fondamentale entre les cas où l'activité sexuelle de l'adolescent inquiète par sa fréquence ou son intensité mais ne rompt pas le développement psychique et ceux où immanquablement se produit une dislocation dans ce développement. Autrement dit, il faut distinguer le comportement de son retentissement sur la personnalité et sur la vie émotionnelle de l'adolescent.

Les ouvrages sur la sexualité de l'adolescent suscitent la curiosité, l'inquiétude ou la nostalgie. Ils permettent aussi de mesurer l'évolution d'une société. Toutefois cette littérature n'est pas homogène. Il y a en effet une grande différence entre les enquêtes et les études le plus souvent statistiques portant sur les pratiques sexuelles et ce que les psychothérapies nous apprennent des fantasmes sexuels et de leur retentissement dynamique sur l'équilibre psycho-affectif.

Une enquête américaine a étudié les fantasmes sexuels conscients de 1 177 collégiens. Dans la très grande majorité des cas, les adolescents rêvaient de caresser une personne aimée ou de lui faire l'amour ; 35 % des garçons et 25 % des filles avouaient des fantasmes voyeuristes, 24 % des garçons et 6 % des filles des fantasmes sadiques, 21 % des filles et 11 % des garçons des fantasmes masochistes. Enfin, 3 % des adolescents interrogés nourrissaient des fantasmes homosexuels.

Au cours de ces vingt dernières années, le comportement sexuel des adolescents s'est modifié sur trois points. Les filles ont leur premier rapport sexuel à un âge qui se rapproche de celui des garçons. Conséquence de cette évolution : les jeunes font de plus en plus souvent leur première expérience sexuelle avec des camarades du même âge. Enfin, on note une homogénéisation progressive du comportement indépendamment du milieu social. Une double distinction subsiste en revanche entre les deux sexes. La première concerne la poursuite des relations sexuelles : 8 % des garçons mais 29 % des filles gardent le même partenaire pour un deuxième rapport. La seconde porte sur le degré d'investissement : 46 % des garçons et seulement 8 % des filles se disent peu impliqués.

S'il est vrai que certains traits de la vie sexuelle et certains fantasmes propres à cet âge se retrouvent à toutes les époques et dans toutes les cultures, des différences incontestables apparaissent pourtant. Les récits et les travaux des ethnologues en font foi. D'un pays à l'autre, d'un milieu à l'autre, c'est le nombre ou la facilité des relations sexuelles, les préparatifs ou encore la reconnaissance par le groupe ou les parents qui varient. Citons à titre d'exemple l'étude menée auprès des adolescents d'une tribu en Inde, les Muria. La vie sexuelle des jeunes gens y est organisée autour d'un centre, le Ghotul, qui tient lieu de maison des jeunes et d'établissement de nuit. C'est dans cette institution hautement hiérarchisée, où le chef représente le père et la cheftaine la mère, que se font les rencontres, le plus souvent le soir. Les garçons y viennent un par un avec leur natte. Puis les filles arrivent, toutes ensemble. Après quelques activités préliminaires – coiffure, massage, etc. –, tout le monde part se coucher. Le système du Ghotul oblige les jeunes gens à changer de partenaire tous les deux ou trois jours. Certains rapprochements sont interdits en fonction des liens de parenté. Les futurs époux, tout en vivant dans le même Ghotul, veilleront ainsi à s'éviter l'un l'autre. Dernière règle notable dans cette institution, les filles partent avant l'aube. Une loi veut en effet qu'elles évitent d'être vues de leurs parents quand elles se rendent au Ghotul ou quand elles en reviennent. On en comprend toute la valeur symbolique.

Nous pourrions évidemment emprunter d'autres exemples à d'autres cultures. Certains ont été remarquablement décrits par M. Mead ou B. Malinowski. Dans tous les cas, il existe un lien évident entre l'organisation sociale et le déroulement de la sexualité des adolescents. Dans notre civilisation occidentale, le comportement sexuel des jeunes gens a évolué en fonction des modifications sociales globales qui sont survenues au cours des trente dernières années dans cette tranche d'âge.

Une constante se retrouverait pourtant, quelles que soient les époques ou les sociétés. Telle est l'hypothèse du psychanalyste O. F. Kernberg [15] selon lequel les règles sociales – la « moralité conventionnelle » – ne protégeraient le couple contre l'agression du groupe élargi auquel il appartient qu'au prix d'une sexualité « autorisée ». La réaction du groupe envers le couple serait en fait contrebalancée par l'envie, le ressentiment, le désir de détruire l'union. Ce qui explique que les individus ou les couples réagissent toujours par une mise à distance de « l'idéologie officielle ». L'une des tâches de l'adolescent est justement de trouver peu à peu le chemin d'une sexualité personnelle et satisfaisante dans le cadre du couple et de s'affranchir dans une certaine mesure de la tutelle du groupe social environnant, qu'il s'agisse du groupe formé par les adultes et les parents ou du groupe des pairs constitué par les autres adolescents. Tous les jeunes gens n'y parviennent pas ou n'y parviennent pas au même âge. Il n'est pas rare de voir des adolescents adopter en matière de sexualité un comportement apparemment très libre mais masquant en réalité une forte inhibition. Chez ces jeunes gens et ces jeunes filles, la différenciation ne s'est pas faite : le couple ou l'individu n'est pas parvenu à se détacher des valeurs communément admises par le groupe des pairs.

Le développement psychosexuel de l'adolescent, quel que soit son sexe, ne peut pas être isolé du reste du processus de développement qui se produit à cet âge. Il est déterminé par des facteurs sociaux mais aussi intellectuels. La capacité d'accéder au stade des pensées abstraites joue dans la symbolisation de l'érotisme (la sublimation) et l'indispensable rationalisation de la sexualité, agissant sur les scénarios imaginaires, les relations sexuelles vécues et les conflits qui y sont associés. Si cette capacité cognitive ne constitue pas l'élément déterminant d'une sexualité satisfaisante, elle permet cependant d'acquérir le sens de la réciprocité et de moduler les exigences pulsionnelles. L'exemple des adolescents encéphalopathes et débiles profonds montre a contrario le rôle potentiellement aggravant d'une sexualité non intégrable. Lorsque le besoin sexuel se fait sentir, ces adolescents adoptent des conduites chaotiques : masturbation violente, hétéroagressivité sexuelle, provocation, exhibitionnisme sans contrôle, etc. Le plus souvent, ces manifestations sont immédiatement refrénées par l'entourage mais cette répression suscite alors une exacerbation des troubles antérieurs, stéréotypie ou automutilation par exemple. L'intégration de la sexualité chez ces adolescents demeure un problème majeur et souvent non résolu dans les familles ou les diverses institutions qui les accueillent.

J'insisterai plus longuement sur les facteurs affectifs et relationnels. Les transformations psychiques ont été largement étudiées par les psychanalystes. Nous pouvons ici distinguer deux courants. Pour ceux, qui dans la lignée de Freud [16], voient dans le développement psychosexuel du jeune garçon ou de la jeune fille une nouvelle étape que l'individu aborde avec une sexualité organisée dès l'enfance, l'adolescence ne serait que la réalisation ou l'aboutissement des expériences sexuelles infantiles que permettrait la transformation de l'appareil génital. D'autres comme E. Erikson insistent au contraire sur le caractère original que confère justement à l'adolescence les potentialités et les capacités sexuelles nouvellement acquises [17]. Tous les psychanalystes en revanche reconnaissent que si le développement de l'adolescent dépend en partie du déroulement de l'enfance, l'expression de sa sexualité est également liée aux lois des nouvelles expériences. Trois aspects intrapsychiques sont alors en jeu : l'image du corps, le choix de l'objet sexuel et l'identité sexuée.

L'image du corps. Hommes et femmes ne reconnaissent leur corps comme un tout qu'après avoir accédé à la « génitalité », ce qui ne se produit qu'à l'adolescence. Mais c'est aussi en percevant le corps de l'autre que l'adolescent découvre l'image de son corps. L'image de son propre corps et l'image du corps d'autrui sont toujours en relation. L'une ne va jamais sans l'autre. La construction de l'image du corps n'est jamais figée ; le vécu psychique, les émotions, les sensations, le regard d'autrui peuvent toujours la modifier. À l'adolescence, elle se structure plus précisément mais sans être définitive.

Le choix de l'objet sexuel. Il est soumis à l'ensemble des bouleversements qui se produisent à l'adolescence mais deux phénomènes sont particulièrement importants : le regroupement des pulsions partielles – orales, anales phalliques – dans la pulsion génitale liée à l'aménagement de la capacité reproductive ; l'harmonisation et la mise en équilibre à cet âge de la lignée objectale et de la lignée narcissique. À l'adolescence, le choix de l'objet sexuel, quel qu'il soit, est soumis à ces deux facteurs. Mais le processus de l'adolescence se caractérise également par une succession de passages, mouvements dynamiques progrédients et régrédients, qui agissent sur la focalisation et les difficultés qu'elle suscite. Citons le désengagement progressif des « objets » parentaux : la difficulté peut alors se manifester par une fixation incestueuse ou par un rejet de soi en tant qu'être sexué pour bien marquer ce désengagement par rapport aux images intériorisées et sexuées du père et de la mère. Citons aussi le passage progressif de l'auto-érotisme à l'hétérosexualité dont témoigne la conduite masturbatoire, son importance et le fantasme qui y est associé et, enfin, la résolution de la bisexualité qui va prendre toute sa valeur dans la succession des choix d'objets sexuels au cours de l'adolescence.

De ces mouvements dynamiques résulte un flottement transitoire parfois illustré par la multiplicité des conduites sexuelles. Dans cet état chaotique, le choix d'objet sexuel manifeste des oscillations constantes entre hétérosexualité et homosexualité, attachement aux parents et amour d'un nouvel objet, goût pour la vie en groupe ou en bande et recherche de l'ami(e) idéalisée, découverte du premier amour et multiplication des relations sexuelles de passage désinvesties affectivement. Mais il peut aussi prendre une forme plus heureuse propre à l'adolescence : la passion amoureuse que constitue le premier amour. Il s'agit « d'une brutale effraction narcissique, d'une violence faite au Moi par un objet extérieur d'autant plus réel que ses qualités sont projectivement celles qui, dans le passé non mémorisable où s'est construit le narcissisme primaire, dans ce temps de la mégalomanie infantile, était celle de la mère : odeur, saveur, traces acoustiques... Cette trace heureusement traumatique ordonnera d'autres amours, des amours d'adultes [18]... »

L'identité sexuée. L'identité du Moi se distingue de l'image corporelle en cela qu'elle comprend les différentes identifications du sujet, tout en mettant l'accent sur les interactions psychosociales. La recherche et la constitution de l'identité sexuée sont une tâche importante de l'adolescence. L'acquisition d'une structure stable est souvent considérée comme le signe marquant l'entrée dans l'âge adulte. L'individu parvient alors à s'identifier de façon continue dans le temps, socialement, moralement, dans ses objectifs, ses ambitions mais aussi dans sa sexualité et ses rapports à l'autre sexe. La perception du masculin ou du féminin et des caractères qui y sont associés – activité ou passivité, domination ou soumission, par exemple – jouent évidemment dans la réponse à la question « Qui suis-je ? ». Cette identité sexuée, partie intégrante et même fondamentale de l'identité du Moi, est appelée identité de genre. Elle est utilisée pour rendre compte du sexe psychique, distinct du sexe biologique qui est le sexe morphologique se manifestant à la puberté avec l'apparition des caractères sexuels secondaires. Pour Freud, l'opposition féminin/masculin ne s'établit clairement qu'à l'adolescence. La sexualité se caractérise en effet par l'opposition phallique/castré. Au stade du conflit œdipien, la bisexualité psychique s'atténue : chez le petit garçon l'identification masculine l'emporte alors sur l'identification féminine tandis que se produit le phénomène inverse chez la petite fille. Pour les psychanalystes qui ont succédé à Freud, l'identité sexuée est acquise avant la puberté. R. Stoller [19] distingue le sentiment d'être d'un sexe, autrement dit « l'identité nucléaire de genre », qui apparaît précocement, dès la petite enfance, du sentiment qui s'élabore ultérieurement à partir du premier en raison de l'évolution libidinale décrite par Freud, l'identité sexuée proprement dite ou « identité de genre ». Directement issue du conflit œdipien, l' « identité de genre » s'établit donc pour Stoller avant la puberté, le masculin et le féminin correspondant aux identifications secondaires constituées par l'enfant dans le fantasme du complexe d'Œdipe. Elle continue de se développer intensément jusqu'au terme de l'adolescence. L'adolescence constitue donc le terme du processus entamé, mais elle représente aussi une menace pour l'achèvement de l' « identité de genre ».

À la puberté, l'adolescent peut et veut découvrir une sexualité qui, jusque-là, demeurait en grande partie imaginaire et énigmatique. Mais, comme le fait très justement remarquer la psychanalyste Colette Chiland, « les relations sexuelles sont à double tranchant. Elles peuvent achever de confirmer l'adolescent dans son identité [...]. Mais, à l'inverse, l'échec, l'impossibilité de s'affirmer en tant qu'homme ou femme ont un effet dépressif et réactivent les troubles de l'identité sexuée [20]. »

Un jour, Clara...

Clara a dix-sept ans. Elle part pour la première fois « seule ». Seule, c'est-à-dire sans ses parents. Comme beau-

coup d'adolescents de son âge, elle a souhaité passer une partie de ses vacances en compagnie d'autres adolescents et s'est inscrite auprès d'un organisme universitaire pour un séjour à la montagne. Ces parents sont plutôt contents de sa décision. Leur fille est timide, trop timide ; elle a tant de mal à se faire des amies, et plus encore des amis ! À son retour, Clara se déclare satisfaite de son séjour. À une réserve près : Thibault. Le garçon lui a plu mais « les choses se sont mal passées ». Clara raconte.

Elle avait repéré Thibault très vite après son arrivée. Tous deux étaient dans le même groupe de sport. Il lui avait parlé, elle avait répondu. Par la suite, ils avaient tout fait pour être souvent ensemble. Et puis, un jour, Thibault s'était décidé : il lui avait proposé de venir à une soirée organisée dans son « bâtiment ». Elle avait accepté, ce dont jusqu'alors sa timidité l'empêchait. Mais la soirée avait été décevante. Rapidement les garçons s'étaient mis à boire entre eux. Thibault avait suivi le mouvement et ne s'était pas occupé d'elle.

Le lendemain, « à jeun », il la rencontre et lui propose de sortir en « boîte » avec les amis de la veille. Elle refuse net et croise Édouard qui lui plaît bien mais moins que Thibault. Il lui propose d'aller prendre un verre ce soir, dans cette même « boîte ». Elle hésite puis accepte. Lorsqu'elle recroise Thibault dans la journée, elle s'empresse de lui raconter. Au fond, c'est bien lui qu'elle espère retrouver ce soir. Le garçon montre alors une agressivité inouïe. Clara en est surprise et blessée.

Ce récit m'amène à lui expliquer que les filles et les garçons peuvent avoir les mêmes désirs, les mêmes émotions mais les exprimer différemment. Les garçons ont besoin de paraître insensibles et forts. Ce qui ne les empêche pas, bien sûr, d'être amoureux et jaloux.

L'adolescence, âge des paradoxes, est à la fois le temps d'une « intensification du genre » et d'un puissant souffle égalitaire. C'est la période au cours de laquelle les garçons et les filles expérimentent avec le plus de force la puissance considérable de leurs caractéristiques sexuées et l'effet qu'elles suscitent sur l'autre sexe. Mais c'est en même temps la période de l'état amoureux, celle où le « Je se confond avec l'Autre ».

L'adolescence est la scène d'une quête identitaire. Chaque sujet se pose alors la question de l'adolescent Hamlet : « Qui suis-je et me faut-il être ou ne pas être ? » Cette interrogation poignante est sous-tendue par une angoisse profonde dont témoigne nombre de comportements d'adolescents, filles et garçons. Mais les normes sociales continuent de jouer leur rôle de différenciateurs. Les descriptions que les adolescents font d'eux-mêmes reflètent les stéréotypes les plus courants. Les travaux menés par Michel Huteau sur les projets des jeunes le montrent [21]. En terminale, les filles se jugent plus émotives et plus sociables que les garçons, les garçons plus audacieux, plus ambitieux et plus individualistes que les filles. Ces caractéristiques émotives sont fondamentales dans les choix qui engagent l'avenir (relations amoureuses, filière d'études, carrière professionnelle). Les enquêtes menées font apparaître de nettes préférences pour certaines activités tant en troisième qu'en terminale. Les filles aiment informer, communiquer, aider, soigner, s'occuper des autres ; les garçons fabriquer, réaliser, rechercher, inventer, étudier. Le travail est un espace de convivialité pour les premières, de valorisation sociale pour les seconds. D'une manière plus générale, l'idée que les adolescents d'aujourd'hui se font de leur avenir professionnel est déterminée par deux facteurs quasi indépendants : d'une part le caractère masculin ou féminin du métier, d'autre part le prestige ou le statut social lié à l'exercice de telle ou telle activité. On pourrait ainsi dire que les adolescents décident de leurs choix futurs en fonction de leur identité sexuée, mais aussi d'un calcul économique et social. Quinze années de fréquentation dans le cadre scolaire n'ont donc pas réussi à modifier les représentations associées à l'appartenance à l'un ou l'autre sexe.

Mais l'adolescence est aussi l'âge où les jeunes développent entre eux des relations plus profondes : longues conversations, notamment au téléphone, discussions animées avec parfois échanges de confidences, partage de sentiments intimes et profonds. Les filles s'y prêtent plus volontiers que les garçons qui préfèrent généralement se retrouver autour d'activités communes : sports, sorties, et, plus récemment, jeux de rôle presque exclusivement masculins.

Transformations

On comprend que cette période puisse constituer un véritable bain émotionnel. Incontestablement le fait d'être garçon ou fille n'est pas indifférent. En général, les adolescents du sexe masculin font plus de distinctions dans leurs amitiés. Il y a d'un côté les copains, de l'autre les vrais amis à qui l'on se confie. Étrangement, les garçons préfèrent la confidente au confident. Si désormais ils acceptent de se livrer, ce dont ils étaient incapables plus jeunes, ils le font de préférence avec leurs amies filles. Les adolescentes, en revanche, déclarent pouvoir indifféremment discuter de choses intimes avec leurs amis des deux sexes.

Que deviennent à la puberté les différences émotionnelles les plus marquées, l'agressivité masculine et l'anxiété féminine ? Elles se renforcent sous l'effet des bouleversements hormonaux. Une étude menée sur des enfants de six à onze ans scolarisés en Eure-et-Loir a mis au jour dix traits de comportements ou de caractères propres à l'un ou l'autre sexe [22] : manque de concentration, hyperactivité, mensonge, mais aussi manifestations agressives, bagarres, destructions, désobéissance, intimidation chez les garçons; affectivité, souci, tristesse chez les filles. Déjà significatives à cet âge, ces différences vont très fortement s'accentuer tout au long de l'adolescence. Les résultats de l'enquête récemment menée par Marie Choquet et Régine Boyer sur une large population d'adolescents scolarisés âgés de onze à dix-neuf ans sont éloquents [23]. Chez les garçons, 12 % des moins de treize ans se bagarrent fréquemment, contre 16 % des dix-huit/dix-neuf ans; mais seulement 21 % des premiers font preuve de violence verbale fréquente contre 28 % des seconds. Chez les filles, si le chiffre est quasi stable pour les bagarres (4 puis 3 %), il augmente considérablement pour la violence verbale, passant de 25 % en dessous de treize ans à 40 % à dix-huit, dix-neuf ans. Même constat pour la « nervosité » qui est une forme d'anxiété : à treize ans, 13 % des garçons et 20 % des filles se jugent nerveux; à dix-huit ans ils sont respectivement 31 % et 57 %. Et s'il est vrai que la « déprime » touche globalement davantage les adolescents de quatorze ans et plus, les filles y sont largement plus sujettes : à dix-huit ans, 31 % d'entre elles et seulement 10 % des garçons connaissent ce sentiment (contre respectivement 7 % et 4 % avant treize ans). D'ailleurs, l'envie de pleurer augmente chez les filles, entre treize et dix-huit ans (21 % puis 39 %) alors qu'elle décroît chez les garçons (7 % à 5 %).

N'oublions pas cependant que tous les adolescents, filles et garçons, partagent le même besoin de relations profondes et intimes. Cette commune envie réduit la ségrégation entre les sexes, d'autant que très souvent, à cet âge, un lien affectif, sentimental et amoureux se noue avec un partenaire de l'autre sexe.

CHAPITRE III

Hommes et femmes

Que deviennent ces différences lorsque les enfants, puis les adolescents deviennent adultes ? Où, quand et comment s'observent-elles ? Toutes les émotions sont-elles concernées ou seulement quelques-unes ? Le poids de l'éducation continue-t-il à se faire sentir ? Ou bien la nature humaine n'est-elle jamais définitivement fixée ? En ce cas, la fatalité, comme l'écrivait Simone de Beauvoir, ne triompherait que si l'on croit en elle, et la célèbre formule de Groucho Marx : « Les hommes sont des femmes comme les autres » pourrait bien convenir à cet âge. Oui, mais si justement les femmes n'étaient pas des hommes comme les autres ?

L'ALCHIMIE DU CŒUR

Si l'on veut aller au-delà des *a priori* et dépasser les clichés, il convient de confronter plusieurs types d'études et d'approches. Les faits observés par le chercheur, les descriptions faites par le sujet, les points de vue exprimés lors des enquêtes d'opinion se recoupent-ils ou laissent-ils apparaître d'étonnantes divergences ? À vrai dire, peut-on vraiment s'attendre à ce que l'expression publique d'un sentiment soit l'exact reflet de l'expérience intime qui en est faite ?

L'émotivité des deux sexes

Le mot « émotivité » est ambigu puisqu'il recouvre à la fois l'expérience vécue et la formulation de cette expérience. Chez les bébés des deux sexes, aucune différence. Qu'en est-il vingt ou trente ans plus tard ? On entend généralement dire que les femmes sont plus émotives mais aussi plus expressives. La littérature, le cinéma, l'opéra ont largement contribué à répandre cette idée. Les études faites sur le sujet ont introduit une distinction fondamentale : la fréquence d'une émotion doit être dissociée de l'intensité avec laquelle elle est éprouvée. On a ainsi demandé à des personnes des deux sexes de lire quelques histoires fortes et d'imaginer l'intensité avec laquelle leurs amis, hommes ou femmes, réagiraient eux-mêmes à ces histoires. Tous les sujets interrogés ont prêté au sexe féminin des réactions émotionnelles plus intenses, qu'il s'agisse du vécu ou de l'expression. La différence imaginée était encore plus grande pour l'intensité expressive. D'autres études ont fourni des résultats similaires, confirmant la puissance de l'éducation et la force des stéréotypes dans le façonnement de l'imaginaire des deux sexes.

Cette différence d'émotivité se lit encore dans les études d'évaluation. Plusieurs techniques sont utilisées : auto-questionnaires, écriture de scénarios, tenue quotidienne d'un journal mentionnant les émotions ressenties, etc. Incontestablement, les femmes connaissent des variations d'émotions plus fortes. Elles expriment plus intensément leurs peines mais aussi leurs joies. Et c'est le résultat le plus intéressant.

Contrairement à une idée reçue, les variations ne concernent pas seulement les émotions négatives ! D'une manière plus générale, les scientifiques ont montré que les femmes adoptaient souvent un point de vue plus positif sur leurs proches et étaient plus portées à voir en chacun le meilleur. Dans une liste d'adjectifs où chacun devait choisir ceux correspondant le mieux au caractère de ses proches, les femmes choisissaient pour leurs partenaires davantage de qualificatifs avantageux que les hommes soumis au même exercice.

Il est vrai aussi que les femmes expriment plus fréquemment que les hommes les sentiments négatifs qu'elles peuvent éprouver. Elles sont en particulier davantage sujettes aux émotions dites intropunitives – peur, anxiété, tristesse, culpabilité, honte – où l'individu reporte sur lui-même l'origine de l'affect qu'il ressent. À l'inverse, les sentiments négatifs tournés vers l'extérieur, ceux où le sujet attribue à ce qui n'est pas lui, homme ou événement, la cause de son émoi, sont davantage masculins. Lorsqu'on leur demande de commenter des histoires, les femmes prêtent plus volontiers un sentiment de colère aux personnages imaginaires masculins plutôt qu'aux figures féminines. Soumis au même exercice, les hommes fournissent des réponses plus variées. Les femmes voient donc dans la colère un sentiment plus masculin que les hommes eux-mêmes. C'est ainsi qu'une amie me racontait récemment la scène à laquelle elle avait assisté dans un grand magasin. Un homme d'une cinquantaine années se trouvait là. Soudain il s'emporte et se répand en injures contre un malheureux vendeur. Le ton monte. On en vient presque aux mains. Mon amie se souvient que son sang s'était alors glacé. Regardant autour d'elle, elle avait constaté qu'une jeune femme à ses côtés était pareillement bouleversée. L'altercation avait bien duré une dizaine de minutes. Et subitement le calme était revenu. L'amie qui rapportait cette anecdote disait avoir été encore plus surprise par ce dénouement inattendu et pacifique ! Jamais une femme, dans une situation similaire, ne se serait comportée ainsi, ajouta-t-elle.

Cet exemple confirme que l'expression publique de la colère varie selon le sexe et que, face à une scène de violence et d'agressivité, les hommes et les femmes réagissent différemment. Lorsque la narratrice rapporte qu'elle-même et sa voisine ont eu froid dans le dos, c'est son émotion de femme qu'elle livre. Confronté à une même situation, un homme est autrement ému. Il s'intéresse à l'action, prend éventuellement parti mais demeure moins longuement sous le coup de l'émotion. Cette histoire montre également la disproportion entre l'agressivité manifestée par le client et l'origine probable de ce mouvement de colère. Imaginons, mais la probabilité est plus rare, qu'une femme se laisse aller au même type de réaction. Sans doute éprouverait-elle alors un sentiment de colère bien plus intense, bien plus profond mais aussi davantage justifié. Les hommes expriment leur agressivité de façon plus impulsive. Une femme exprimant ouvertement sa colère, surtout en public, manifestera un sentiment construit, renvoyant à un mouvement profond, où l'agressivité, forte et motivée, ne trouvera pas l'apaisement dans sa seule représentation théâtrale. On pourrait dire que l'homme libère son animosité de manière plus irréfléchie. L'agressivité, la colère, la haine prennent selon qu'on est un homme ou une femme une expression ou une signification différente. Les femmes en public gardent une certaine réserve et, lorsqu'elles éclatent, leur animosité demeure davantage raisonnée.

L'appartenance à l'un ou l'autre sexe n'explique évidemment pas tout. D'autres facteurs peuvent interférer. La peur, voire la hantise du conflit renvoient ainsi parfois au souvenir malheureux d'une vie familiale où les problèmes étaient à l'origine de fréquentes disputes et de violentes tensions. Devenus adultes, ces hommes et ces femmes cherchent à éviter l'affrontement, parfois selon un procédé subtil. Certains sont devenus si sensibles à la violence qu'ils s'en défendent en ne l'exprimant quasiment jamais, préférant se taire même lorsqu'ils pourraient à bon droit marquer leur désaccord ou leur divergence d'opinion.

Je me souviens d'une femme constamment agressée par son mari qui lui reprochait continuellement de ne pas travailler et de ne rien faire pour remédier aux problèmes financiers qu'ils connaissaient. Déprimée, incapable de répondre aux attaques de son époux, la femme révéla au cours de nos entretiens un fort sentiment de culpabilité qui ne l'avait pas quittée depuis son enfance. Sa mère était morte alors qu'elle avait trois ans. Son père s'était rapidement remarié et la petite fille avait fini par considérer cette seconde femme comme sa vraie mère. L'attachement était sincère de part et d'autre mais inconsciemment ma patiente se sentait coupable de l'affection que cette femme qui l'avait élevée comme sa propre fille lui portait.

L'exemple montre que le caractère pacifique de certains peut avoir une origine autre que sexuelle. Mais la colère et la violence demeurent néanmoins une caractéristique bien masculine, à tel point qu'aux États-Unis la psychologue June Stephenson a proposé que les femmes américaines déduisent de leurs impôts la part correspondante au coût de la criminalité qui, dans ce pays, s'élève à trois cents milliards de dollars. Motif ? 94 % des détenus et 90 % des meurtriers sont des hommes !

Mais retenons l'essentiel. Aux femmes la fréquence, l'intensité dans l'expression des émotions, positives ou négatives, le jugement favorable porté sur autrui. C'est ainsi qu'elles sont vues, c'est aussi ainsi qu'elles se voient. En revanche, la colère demeure l'apanage des hommes. Le temps est peut-être venu, comme l'écrit la journaliste Marie-Claude Tréglia, « d'un retour des vraies femmes », où il ne serait plus nécessaire « d'être guerrière pour faire son chemin » et où chacune pourrait « exploiter sans complexe le propre de sa féminité ». Le plus intéressant demeure la confirmation scientifique de la nette supériorité des femmes à percevoir et à décoder les sentiments d'autrui. Les résultats des différentes approches se confortent. Les chercheurs ont même mesuré les tonalités vocales et scruté les expressions des visages. Dans plus de 80 % des études, les femmes montrent une perception plus juste de l'émotion ressentie, indépendamment de la situation, de l'âge, de la culture ou du sexe du sujet testé. Aujourd'hui, la seule réserve concerne la capacité à décoder correctement l'expression de la colère. Les femmes semblent reconnaître moins facilement que les hommes les indices qui signalent cette émotion sur un visage, en particulier sur un visage d'homme. Est-ce là le signe de cette volonté positive qui pousse les femmes à ne voir que le bon côté des choses, contrairement à ce qui leur est si souvent reproché, notamment par les hommes ?

Défenses psychologiques

Nous avons vu qu'il fallait distinguer le vécu et l'expression d'une émotion. La distinction est d'autant plus importante que l'on peut vivre intensément un événement – un deuil ou un chagrin d'amour, par exemple – sans rien en laisser paraître et que, le plus souvent, l'entourage jugera de l'affect à son expression.

Là encore, les chercheurs ont examiné les stéréotypes sociaux, observé les faits, analysé les autoévaluations. À l'exception de la colère, l'expression émotionnelle, plus encore que le ressenti, semble être une caractéristique féminine, que l'on en juge à sa fréquence ou à son intensité. Mais doit-on aller jusqu'à dire qu'un homme angoissé ou triste s'en défend nécessairement en affichant une apparente indifférence ou en adoptant une attitude agressive ? Les larmes ne viennent pas facilement aux yeux d'un homme. Il ne s'agit pas simplement d'une question d'orgueil mais aussi d'une affaire d'hormones. On sait aujourd'hui que la testostérone, l'hormone mâle, émousse l'expression émotionnelle et inhibe les pleurs : un homme qui pourrait pleurer bouderait sans doute moins ! Mais c'est aussi le contexte culturel qui interdit au sexe masculin cette manifestation de sensiblerie mieux acceptée d'une femme. Le statut social joue également. Les hommes que j'ai vus pleurer en avaient honte. Ils s'étaient laissé aller dans un moment d'intimité, auprès de l'être qui leur était le plus proche ou lors d'une consultation justement motivée par le désir d'exprimer cette émotion si longtemps retenue.

La psychologie nous a appris à nous familiariser avec les mécanismes de défense que l'être humain met en œuvre pour se protéger. Nous adoptons, le plus souvent inconsciemment, des attitudes qui nous permettent de nous défendre contre certains sentiments pénibles que nous pouvons éprouver, angoisse, culpabilité, douleur morale. L'esprit emprunte un chemin particulier pour répondre aux pressions affectives et pulsionnelles qui risquent de le submerger. Ces défenses psychiques sont utilisées dans les cinq cas suivants :

• pour maintenir une émotion dans des limites tolérables, par exemple à la suite d'un deuil ;

• pour rétablir un équilibre émotionnel menacé, en différant ou canalisant la brusque poussée de nos instincts, comme au moment de la puberté ;

• pour nous laisser le temps de maîtriser les changements de notre image, survenus, par exemple, à la suite d'un échec personnel ou d'une promotion inattendue ;

• pour supporter une relation conflictuelle mais bloquée dont nous n'arrivons pas à nous affranchir ;

• pour faire face aux conflits majeurs de l'existence (séparation, divorce, etc.).

Ces situations concernent tout autant les hommes que les femmes. Mais là encore les deux sexes n'ont pas un fonctionnement parfaitement identique. Globalement, l'homme se défend plus que la femme, grâce notamment au « mécanisme de projection » qui lui permet de reporter sur autrui les sentiments pénibles, les désirs secrets, les pulsions, surtout agressives, qu'il éprouve. Il intellectualise également davantage, se montrant extrêmement dépendant des interprétations rationnelles qui peuvent être données des événements.

Ces défenses psychiques nous sont particulièrement précieuses dans la vie quotidienne, en particulier lorsque nous devons faire face à des désirs inavouables ou inacceptables, des situations ou des sentiments d'angoisse. Mais elles peuvent parfois constituer une gêne et empêcher d'être suffisamment naturel. Peut-être est-ce ainsi qu'il faut expliquer la retenue parfois excessive que les hommes manifestent dans leurs émotions. Combien hésitent ainsi avant de demander conseil ou de solliciter de l'aide ! C'est souvent à un stade avancé qu'ils se décident à consulter, ce qui ne simplifie évidemment pas l'assistance qu'on peut leur porter. Cette même réserve les amène à négliger, voire à refuser, les problèmes affectifs que connaissent leurs proches. J'ai fréquemment entendu des femmes ou des adolescents se plaindre de ce que leur mari ou leur père ne comprenait pas leurs difficultés, désapprouvait le principe des consultations ou se refusait à me rencontrer. J'ai souvent entendu des hommes assener un énergique mais inutile « secoue-toi » à quelqu'un qui était à bout de forces alors qu'un simple « parle-moi » aurait déjà eu, à lui seul, un effet bénéfique, surtout prononcé par celui dont on attend prioritairement un soutien. J'en ai aussi vu quelques-uns qui, légèrement poussés au départ, ont su, une fois mis en confiance, partager la souffrance affective de leur proche.

Les cultures affectives

Comment parler d'émotions féminines ou masculines sans évoquer la timidité ? Un homme et une femme qui se rencontrent en font rarement l'économie. Rougeurs subites, maladresses, brusque embarras confinant à la niaiserie. Mais de telles manifestations sont liées à des circonstances particulières. En général, la timidité touche davantage les enfants que les adultes. Elle s'estompe ou disparaît avec l'âge. Certains pourtant ne se débarrassent jamais, en grandissant, de cette gêne. D'autres découvrent brusquement un sentiment dont ils ignoraient tout jusque-là. La timidité est parfois si embarrassante qu'elle en devient un véritable handicap.

On entend souvent dire que les femmes se jugent plus timides que les hommes. C'est faux, du moins dans nos contrées, si l'on considère les résultats de l'enquête menée par Philip Zimbardo [1]. Ce sentiment se répartit à peu près équitablement entre les deux sexes. Une exception : l'adolescence où les jeunes filles se déclarent bel et bien plus timides que leurs camarades masculins. Il est possible que le besoin de s'épanouir personnellement et le désir de séduire soient consciemment plus forts chez l'adolescente. Mais, répétons-le, une fois l'âge adulte atteint, les différences entre les deux sexes s'effacent.

L'exemple de la timidité peut servir à montrer le poids du facteur culturel. La fréquence et l'intensité de ce sentiment varie suivant les cultures. C'est en Extrême-Orient, tout particulièrement au Japon et à Taiwan, que la timidité est la plus fréquente. On observe, en effet, dans la culture japonaise que l'on ne doit jamais montrer sa vulnérabilité. La timidité constituerait ainsi une modalité d'évitement : se taire permettant de ne pas perdre la face. En Chine, en revanche, la timidité est plus rare. Différentes hypothèses ont été émises à ce sujet. L'une d'entre elles tendrait à faire intervenir la notion de collectivisme. En effet, dans un système qui ignore la compétition – ce qui a été le cas de la Chine pendant plus de cinquante ans –, l'individu n'aurait pas à se montrer meilleur que son voisin. Toute tactique d'intimidation serait donc vaine. L'évolution de la Chine actuelle nous renseignera sur ce point. Et le sexe dans tout ça, me direz-vous ? Si au Japon et à Taiwan, les hommes se déclarent plus timides, en Israël, au Mexique ou en Inde, ce sont les femmes. Comment interpréter ces faits si ce n'est en établissant une relation entre les aspects culturels et les manifestations émotionnelles selon le sexe [2] ?

Les deux sexes manifestent différemment leurs émotions. Pourquoi ? Nous avons vu le poids de l'éducation et la force des stéréotypes sociaux que les parents transmettent à leurs enfants qui à leur tour les transmettront à leurs propres enfants, souvent inconsciemment, et ainsi de suite. Est-ce là tout ? Il existe en fait trois types de facteurs influant sur le développement sexué des émotions.

Revenons sur le premier, qui est d'ordre culturel. Alors que nous sommes encore bébés, nos parents et nos proches nous attribuent selon notre sexe des caractères émotionnels différents. Ils influent puissamment sur la façon dont nous ressentirons et surtout exprimerons ultérieurement nos émotions. L'évolution actuelle de la société va dans le sens d'une plus grande homogénéisation des préceptes éducatifs et des normes sociales. Les différences s'émoussent mais elles sont encore objectivement repérables. Certains stéréotypes sociaux conservent en particulier toute leur force. Deux chercheurs américains ont ainsi montré que les hommes s'occupant de tâches ménagères étaient plus nerveux que les autres. Inversement, les femmes accomplissant chez elles des travaux généralement réservés aux hommes – bricolage, plomberie, réparations mécaniques, etc. – étaient moins angoissées ou moins tendues que leurs consœurs maintenues dans un rôle traditionnel.

Mais l'individu ne se contente pas de subir passivement son identité sexuée. La conscience de l'appartenance à l'un ou l'autre sexe, deuxième facteur déterminant pour l'expression des émotions est précoce. Dès l'âge de deux ans et demi, trois ans, un enfant à qui l'on demande d'aller vers un autre enfant se dirigera plus volontiers vers celui du même sexe. Pourquoi ? D'où vient cette identification sexuée ? Est-ce l'environnement social qui, agissant très tôt sur la représentation de l'agressivité, pousse les enfants à se rassembler suivant leur sexe ? Les petits garçons craindraient pour leur honneur d'être vus en compagnie d'une fille ; les petites filles, de leur côté, comprendraient qu'elles doivent se protéger contre la force et l'agressivité masculine. S'agit-il d'une identification inconsciente à son père ou à sa mère que le stade œdipien viendra confirmer ? Processus culturels, psychologiques ou sociaux interviennent sans doute de la même manière dans le façonnement des émotions. Restent les facteurs physiologiques.

Enfin, troisième point, notre identité sexuelle

pourrait être largement prédéterminée par la biologie ou la génétique. La différence biologique entre les sexes est l'aboutissement d'une alchimie mêlant gènes et hormones. Dès la fécondation, les jeux sont faits. L'enfant sera une fille ou un garçon. À la naissance, les bébés des deux sexes passent par une « mini puberté », grande répétition des bouleversements qui surviendront à l'adolescence. La sécrétion d'hormones sexuelles, l'œstrogène chez la fille, la testostérone chez le garçon, atteint un pic comparable à celui observé au moment de la puberté des adolescents. Nous savons aussi depuis peu que le nombre de neurones dans le cerveau diffère selon le sexe. D'autre part, l'expression des émotions se situerait chez l'homme plutôt dans l'hémisphère droit alors qu'elle serait, chez la femme, répartie dans les deux hémisphères. Combien savent, enfin, que les adolescentes et les femmes s'expriment et communiquent plus aisément au milieu de leur cycle menstruel, lorsque la sécrétion d'œstrogène est à son maximum ? Faut-il alors conseiller aux jeunes filles d'utiliser ce tout nouveau potentiel pour convaincre leur père réticent de les laisser sortir ? Et pourquoi ne pas choisir ce même moment pour un entretien d'embauche, une augmentation de salaire ou encore une nouvelle répartition des tâches ménagères avec son conjoint rétif ? Les femmes connaissent d'expérience le phénomène. Des chercheurs ont voulu vérifier que les hormones influaient bel et bien sur la vie émotionnelle. Chacun sait que la testostérone favorise l'agressivité, les œstrogènes et la progestérone l'anxiété et l'humeur dépressive. Ils ont donc demandé à deux groupes de femmes âgées de dix-huit à quarante-cinq ans de tenir pendant trois mois consécutifs un journal quotidien où elles noteraient leur degré d'anxiété. Le premier groupe était constitué de patientes volontaires, se plaignant d'être nerveuses ou angoissées, le second par des amies personnelles ayant accepté de se prêter à l'expérience. Les résultats ne laissent subsister aucun doute. Le moment le moins pénible pour les premières correspondait chez les secondes à une période sans angoisse. Il se produisait au milieu du cycle, juste avant l'ovulation.

La médecine des émotions

Dans l'accès aux services sanitaires et dans le recours aux soins, les inégalités entre les sexes persistent, en particulier dans les pays du tiers monde. La Conférence de Pékin a été l'occasion en 1995 de rappeler quelques chiffres. Ils permettent de mesurer le chemin qui reste à parcourir. La moitié des femmes dans le monde souffrent d'anémie. Dans les pays en voie de développement, un demi million d'entre elles, dont 25 % d'adolescentes, meurent chaque année à la suite de grossesses précoces ou répétées, de complications à l'accouchement ou d'avortements effectués dans des conditions inadmissibles. Selon l'Organisation mondiale de la santé, dans ces mêmes pays, 16 % seulement des patients qui viennent consulter les dispensaires antipaludiques sont des femmes. Aucune différence significative de sensibilité au paludisme n'a pourtant été mise en évidence. Autre illustration plus récente, le sida. Il y a moins de dix ans, moins de 10 % des malades étaient des femmes. Fin 1994, la proportion avait quadruplé ! Dans le monde, toutes les deux minutes, une femme est infectée par le virus du sida et une autre en meurt.

Dans le monde occidental, c'est devant la maladie que les différences apparaissent. Qu'il s'agisse de troubles graves ou bénins, les maladies qui, en France occasionnent des arrêts de travail, diffèrent suivant le sexe. Les tableaux ci-après indiquent les arrêts de travail enregistrés auprès des 20 000 salariés d'EDF-GDF qui apportent volontairement leur soutien à la recherche médicale. L'échantillon est globalement représentatif des salariés français [3] (voir tableaux p. 87).

Chez les femmes, viennent d'abord les affections respiratoires de toutes sortes, puis les affections ostéo-articulaires, les troubles psychologiques et les troubles de l'appareil digestif. Chez les hommes, les affections ostéo-articulaires viennent en premier, puis les affections respiratoires, la traumatologie, les troubles digestifs et les problèmes psychologiques. Fait notable, sur une année, les troubles psychologiques dans lesquels la part affective est évidemment prédominante représentent 7,3 % des arrêts de travail chez les femmes contre seulement 2 % chez les hommes. La plus grande ouverture aux émotions a peut-être ici son revers. La population féminine se révèle plus vulnérable aux troubles émotionnels. Est-ce parce que les parents ont tendance à évoquer plus volontiers les sujets tristes avec leurs petites filles qu'avec leurs petits garçons que les femmes se montrent davantage sensibles à la déprime ?

Outre la dépression, certains troubles semblent typiquement féminins : affections de la thyroïde, tumeurs bénignes, migraines ou anxiété. Ce qui n'empêche pas les Françaises de témoigner d'une longévité exceptionnelle. Ainsi, en 1990, l'espérance de vie d'une femme à la naissance était en France de 81,1 ans. C'est le record en Europe. Les hommes ont une durée de vie de 72,9 ans. Ils sont dans la moyenne européenne.

VOLONTAIRES FEMMES ARRÊTÉES AU MOINS UNE FOIS DANS L'ANNÉE
par groupe de maladies

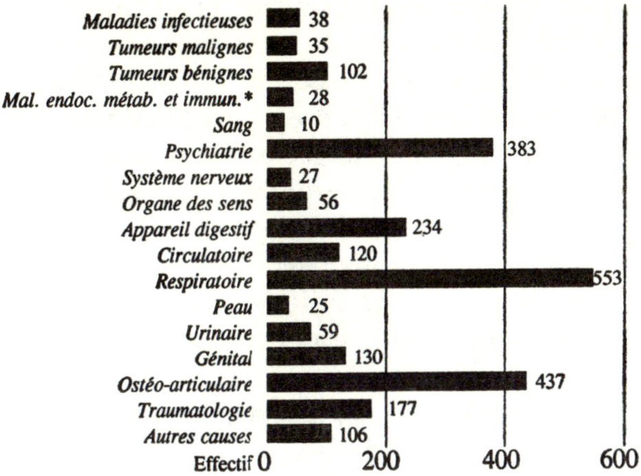

* Maladie endocrinienne, métabolique et immunitaire

VOLONTAIRES HOMMES ARRÊTÉS AU MOINS UNE FOIS DANS L'ANNÉE 1995
par groupe de maladies

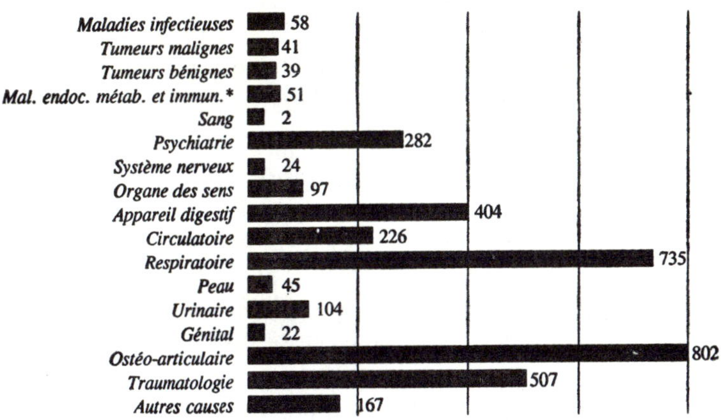

* Maladie endocrinienne, métabolique et immunitaire
(D'après M. Goldberg, A. Leclerc et al., Cohorte Gazel, 20000 volontaires EDF-GDF, INSERM, Unité 88, Paris, éd. INSERM, 1994.)

Angoisse et dépression

Est-ce aux femmes qu'il faudrait prioritairement enseigner le rire dont tout le monde s'accorde à reconnaître qu'il déclenche la bonne humeur ? Selon le bon docteur Rabelais, le rire est le remède souverain contre le pessimisme et la mélancolie, il met « en mouvement la machine humaine par la véhémente concussion de la substance du cerveau ». Il est vrai que de nos jours les affections psychosomatiques, qui sont à l'origine de plus de la moitié des consultations chez les médecins praticiens, touchent plus volontiers les femmes. Un nombre inquiétant de nos contemporains absorbent régulièrement des drogues sédatives, antidépressives, ou hypnotiques. Et, là encore, les femmes l'emportent largement.

Je fais partie de ceux qui estiment que rien n'est jamais définitivement joué dans la vie d'un individu, surtout pas avant six ans. Et pourtant ! Un travail récent mené sur un échantillon de 13 150 personnes a montré que les problèmes affectifs durables survenus dans l'enfance entraînaient à l'âge adulte une plus grande sensibilité aux maladies [4] (voir tableau p. 89).

Or, les femmes semblent davantage marquées que les hommes par leurs premières années. Celles qui ont souffert, lorsqu'elles étaient petites, développent un plus grand nombre de maladies, notamment affectives. Enfant malheureux, adulte vulnérable ?

Toutes les études effectuées sur les troubles émotionnels concordent sur un point qui se vérifie constamment. Les femmes sont incontestablement plus sujettes à l'angoisse que les hommes (entre 1,5 et 3 fois plus). Je parle ici de la « véritable » angoisse, de celle que l'on nomme « troubles anxieux ». Elle peut apparaître dès l'enfance : environ 8 % des enfants entre quatre et seize ans souffrent de troubles

INDICE DU NOMBRE DE MALADIES DECLARÉES À L'ÂGE ADULTE.

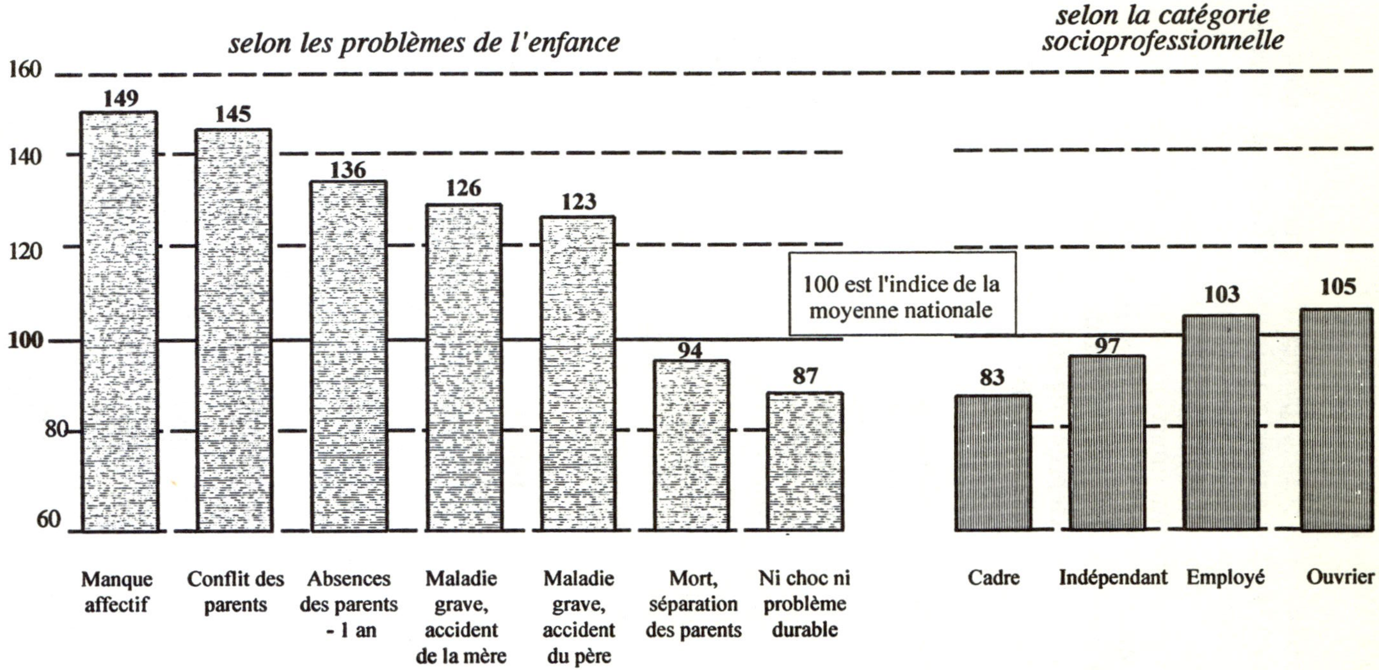

(D'après G. Menahem, 1994.)

anxieux. Les filles, petites ou grandes, y sont plus sujettes. Ce sont en particulier « l'angoisse excessive de séparation » – trouble anxieux le plus observé pendant l'enfance – et la peur intense de se retrouver dans un contexte inconnu qui sont chez elles les plus fréquentes [5]. Chez les garçons, la trajectoire des troubles ne montre aucune continuité de l'enfance à l'adolescence, à la différence de ce qui est observé pour l'autre sexe [6]. Il existe notamment chez l'adulte un trouble-particulièrement invalidant, l'agoraphobie. Une peur panique saisit alors l'individu qui se retrouve seul dans une rue ou un espace public sans être accompagné par quelqu'un qu'il connaît et qui le rassure par sa présence. Or, les femmes présentant ce trouble ont plus que les hommes éprouvé dans leur enfance cette angoisse de séparation dont nous parlions. Aucune explication satisfaisante n'a encore pu être fournie. Globalement, il est clair que les petites filles souffrent davantage de troubles anxieux, mais que les troubles obsessionnels plus fréquents chez le petit garçon. Est-ce là la manifestation précoce de cette tendance bien masculine à la rumination ?

Ce qui vaut pour l'ensemble des troubles anxieux vaut également pour la dépression. Suivant les critères de classification établis par l'Organisation mondiale de la santé, les maladies anxiodépressives, qui associent angoisse et tristesse, touchent 1 à 2 % de la population, parmi laquelle 4/5e de femmes. Pris isolément, le risque dépressif est, lui, deux fois plus élevé chez la femme que chez l'homme. Plus préoccupant encore, la dépression féminine s'accompagne fréquemment de troubles alimentaires et de conduites d'alcoolisation.

En France, l'utilisation de médicaments psychotropes est parmi la plus forte au monde : 14 % de nos concitoyens disent prendre régulièrement des tranquillisants ou des somnifères. Toutes les études confirment que la consommation des femmes est deux fois supérieure à celle des hommes. Cette différence apparaît à l'adolescence et s'accroît avec les années. En France, sur un échantillon de 3 979 adolescents scolarisés, âgés de douze à vingt ans, 27,5 % des filles et 13,8 % des garçons avaient pris un médicament psychotrope au cours des douze mois précédant l'enquête ; entre douze et vingt ans, la consommation des premières passait de 14,3 % à 36,2 %, celle des seconds de 10,7 % à 16,9 % [7] (voir tableau p. 92 et graphique p. 93).

L'évolution du taux de dépression montre que dans les générations nées après la Seconde Guerre mondiale, le risque dépressif est en augmentation chez les hommes alors qu'il est demeuré stable chez les femmes. Lorsque l'on examine plus précisément les différents types de troubles dépressifs, on constate une prédominance féminine plus marquée pour les dépressions existentielles et les formes les moins sévères que l'on distingue habituellement de la véritable maladie maniaco-dépressive dont l'origine est probablement génétique. Les femmes sont alors davantage portées aux gestes suicidaires (du type appels au secours). En Angleterre, une équipe médicale a analysé pendant quatorze années consécutives les 1 200 cas d'hospitalisation survenus dans la ville d'Oxford à la suite d'une tentative de suicide : 62 % des tentatives étaient commises par des femmes. Plus surprenant, cette équipe a confirmé que les conditions météorologiques pouvaient influer sur l'état émotionnel et découvert que les femmes, et les femmes seulement, commettaient davantage de tentatives de suicide les jours de très basse ou de très haute température. Les chercheurs expliquent ce phénomène par une moins bonne thermorégulation chez la femme, notamment en période péri-menstruelle. Parce qu'elles modifient l'équilibre physiologique et psychologique de l'individu, ces modifications ther-

PRÉVALENCE DE L'USAGE DE MÉDICAMENTS PSYCHOTROPES, AU COURS DES 12 DERNIERS MOIS, SELON LE SEXE (%)

	Garçons (n=1551)	Filles (n=1728)	p
	%	%	
Médicaments prescrits :			
• pour nervosité ou angoisse			
- aucun	90,2	77,6	
- pour une courte période (< 3 semaines)	6,3	15,5	<0,001
- pour une longue période (> 3 semaines)	3,5	6,9	
Total *(a)*	**9,8**	**22,4**	
• pour dormir			
- aucun	94,4	88,7	
- pour une courte période (< 3 semaines)	4,5	8,5	<0,001
- pour une longue période (> 3 semaines)	1,1	2,8	
Total *(b)*	**5,6**	**11,3**	
Médicaments sur initiative personnelle :			
• pour la nervosité ou l'angoisse			
- jamais - rarement	97,9	95,2	<0,001
- souvent - très souvent (c)	2,1	4,8	
• pour dormir			
- jamais - rarement	98,6	96,0	<0,001
- souvent - très souvent (d)	1,4	3,9	
Total prescription *(a + b)*	**12,9**	**26,0**	<0,001
Total intiative personnelle (c + d)	2,7	7,2	<0,001
Total nervosité ou angoisse (a + c)	10,4	23,5	<0,001
Total dormir (b + d)	6,4	12,6	<0,001
Total médicaments psychotropes	13,8	27,5	<0,001

(D'après S. Ledoux, M. Choquet, 1994.)

USAGE DES MÉDICAMENTS PSYCHOTROPES
SELON LE SEXE ET L'ÂGE

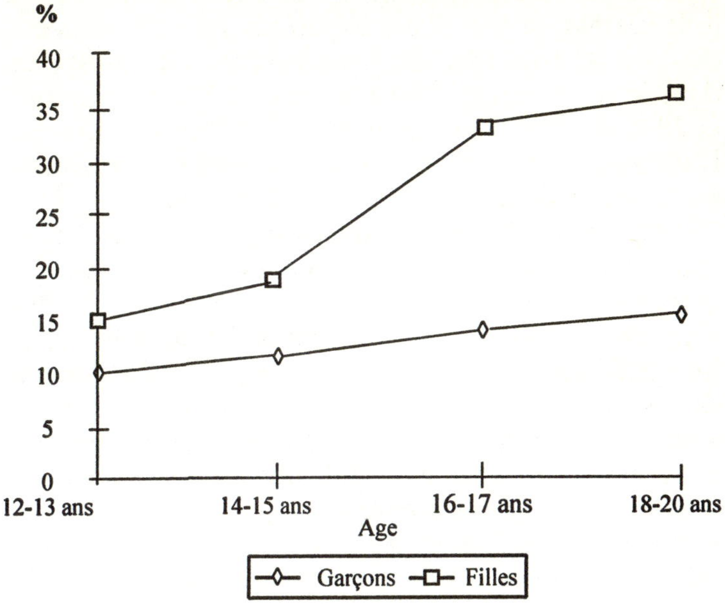

D'après S. Ledoux, M. Choquet, 1994.

miques pourraient participer de la décision de passer à l'acte suicidaire. Plus humoristiquement, retenons que ce phénomène de thermorégulation pourrait bien expliquer l'importance qu'attachent les femmes à choisir un lieu ensoleillé pour leurs prochaines vacances ou leur futur week-end. Plus sensibles que les hommes aux variations météorologiques, se méfient-elles avec raison de tout changement imprévu de climat ? D'où certaines scènes mémorables...

Jusqu'à présent, aucune explication vraiment satisfaisante n'a pu être fournie pour rendre compte de l'indiscutable prédominance féminine parmi les sujets victimes d'anxiété ou de dépression. Plusieurs recherches ont montré, dès l'enfance, une susceptibilité dépressive plus marquée chez les filles, s'exprimant par une moindre confiance en soi et en l'avenir.

Mais, à ce jour, la différence entre les sexes n'a été clairement établie qu'à partir de l'adolescence. On a ainsi demandé à 3 800 adolescents âgés de douze à dix-huit ans s'il s'étaient sentis tristes ou désespérés dans le mois précédant l'entretien : 10 % des garçons et 20 % des filles, soit deux fois plus, ont répondu par l'affirmative. Plus grave encore, ce même pourcentage se retrouve dans les tentatives de suicide.

Parmi les différentes hypothèses proposées pour expliquer l'asymétrie du risque dépressif entre les deux sexes, c'est l'influence hormonale qui est le plus souvent invoquée : voilà pourquoi la puberté serait une étape décisive. On insiste sur le développement des systèmes endocriniens hypothalamo-hypophysaires et gonadiques ou encore, surtout chez certaines femmes, sur le rôle du syndrome prémenstruel, du post-partum et de la ménopause qui renforceraient la vulnérabilité aux troubles affectifs. La même hypothèse hormonale est également proposée pour expliquer les troubles anxieux. Là encore les différences selon le sexe s'établissent clairement au moment de la puberté. Deux équipes américaines ont montré que pour l'*overanxious disorder*, c'est-à-dire pour l'hyperanxiété et l'anxiété de séparation, la différence entre garçons et filles, qui était faible entre dix et treize ans, augmentait considérablement à partir de quatorze ans [8].

Le tempérament individuel ne serait-il donc pour rien dans la fréquence des dépressions ? Selon de récentes études, l'humeur anxieuse serait plus féminine et le caractère hyperthymique plus masculin. Voici les critères retenus pour définir le tempérament anxieux : tension et incapacité à se détendre, soucis constants et crainte excessive de l'avenir, rumination du passé, préoccupation exagérée pour tout ce qui concerne les performances ou les compétences, fréquentes plaintes somatiques. Pour le tempérament hyperthymique, ce sont l'optimisme excessif, la vantardise, l'extraversion, l'exubérance et la tendance trop fréquente à l'irritabilité. Or, ce tempérament hyperthymique semble exercer un effet protecteur sur la dépression alors que le tempérament anxieux la favorise. Une étude récente est venue confirmer la plus grande sensibilité des femmes aux événements pénibles. Dix hommes et dix femmes ont accepté d'évoquer leurs plus tristes souvenirs – décès du père, demande de divorce, etc. – devant un chercheur qui mesurait leurs émotions au Pet-scan ou tomographie par caméra à positions. Chez les deux sexes, le système limbique a montré une activation extraordinaire, mais huit fois plus intense chez les femmes que chez les hommes !

HYPERANXIÉTÉ ET ANXIÉTÉ DE SÉPARATION
SUR UN ÉCHANTILLON REPRÉSENTATIF DE JEUNES AMÉRICAINS

Hyperanxiété	Filles (%)	Garçons (%)
10-13 ans	15,4 %	12,8 %
14-16 ans	14,1 %	5,3 %
17-20 ans	13,8 %	5,4 %
Anxiété de séparation		
10-13 ans	13,1 %	11,4 %
14-16 ans	4,6 %	1,2 %
17-20 ans	1,8 %	2,7 %

D'autres pistes restent encore à explorer. Certaines différences significatives dès l'adolescence ouvrent de nouvelles hypothèses [9]. Les deux sexes ne souffrent pas des mêmes troubles. Aux hommes, la psychose, c'est-à-dire le trouble mental dans lequel le sujet attribue son mal-être à des facteurs extérieurs au point parfois de se sentir persécuté de façon délirante ; aux femmes la névrose où le sujet est torturé par des conflits internes, pris entre des désirs et des craintes qui l'inhibent ou le rendent malade. Mais alors n'est-ce pas le poids des différentes cultures affectives qui se fait sentir ? Les hommes seraient plus enclins à extérioriser, donc à « agir » leur souffrance ; les femmes l'intérioriseraient davantage ou l'exprimerait par des sentiments intimes. Les différences qui se manifestent à l'adolescence – troubles du comportement, troubles fonctionnels, troubles de l'humeur – conforteraient cette analyse culturelle. À cet âge, les garçons adoptent des conduites violentes, abusent de l'alcool ou des drogues : ils passent à l'acte et utilisent le monde extérieur pour décharger leur violence. Les filles expriment davantage leur malaise au moyen de plaintes somatiques, mettant ainsi inconsciemment leur corps en avant ou encore d'émotions douloureuses renvoyant à leur monde intérieur [10].

LES TROUBLES DE LA CONDUITE PARMI LES ADOLESCENTS PAR ÂGE ET SEXE (EN %)

Enquête Haute-Marne (sud) auprès des 11-19 ans scolarisés (1988)

Sexe	Garçons				Filles			
Âge	<13 ans	14-15 ans	16-17 ans	18 et + ans	<13 ans	14-15 ans	16-17 ans	18 et + ans
Les conduites de consommation								
Tabac >10 cig./jour	1	3	10	24	0	3	12	21
Alcool régulier	5	11	22	34	0,3	4	6	4
Ivresse >3/an	3	7	20	32	1	4	11	8
Drogue illicite	4	4	9	20	2	4	14	16
Les conduites violentes								
Bagarres fréquentes	12	13	15	16	4	8	4	3
Violences physiques fréquentes	12	16	16	17	6	12	12	10
Violences verbales fréquentes	21	19	22	28	25	33	43	40

LES TROUBLES CORPORALISÉS PARMI LES ADOLESCENTS PAR ÂGE ET SEXE (EN %)
Enquête Haute-Marne (sud)
auprès des 11-19 ans scolarisés (1988)

Sexe	Garçons				Filles			
Âge	<13 ans	14-15 ans	16-17 ans	18 et + ans	<13 ans	14-15 ans	16-17 ans	18 et + ans
Troubles fonctionnels Assez souvent ou très souvent								
réveils nocturnes	9	13	12	15	17	21	26	32
cauchemars	5	4	5	3	11	12	14	12
maux de tête	13	14	12	16	22	30	33	43
nausées	1	2	3	2	3	5	6	7
Troubles de l'humeur Assez souvent ou très souvent								
nerveux	13	22	26	31	20	37	52	57
déprimé	4	7	7	10	7	16	30	31
idée de suicide	3	6	5	6	3	10	9	7
envie de pleurer	7	6	5	5	21	33	41	39

Nous avons ici une remarquable illustration de la différence des styles utilisés par les deux sexes pour exprimer sans doute au fond un même mal-être. Ces différences de styles s'accordent bien avec les différences de « culture affective » qui sont pratiquement repérables dès la naissance.

Timidité pathologique et phobie sociale

Nos sociétés pardonnent moins volontiers aux femmes souffrant de timidité pathologique. Ainsi l'alcoolisme qui est souvent le moyen choisi pour se soulager de ce trouble est-il plus fréquemment condamné chez une femme que chez un homme. On a même constaté que les hommes se séparaient plus fréquemment que les femmes d'un conjoint alcoolique. Assurément le sexe féminin ne bénéficie pas du même soutien.

Autre trouble particulier, celui que les spécialistes ont récemment isolé sous le terme de phobie sociale. Les sujets qui en souffrent éprouvent une peur systématique dès qu'ils sont en situation d'être observés. Parce qu'ils ne supportent pas d'être exposés aux regards d'autrui, ces hommes et ces femmes évitent par-dessus tout de parler, bien sûr, mais aussi d'écrire, de manger ou de boire en public. Tous se rendent parfaitement compte de l'absurdité de leur comportement. « Mais c'est plus fort que moi », me dit ce jeune homme pour qui passer le baccalauréat a été plus qu'une épreuve. Il rougissait, transpirait, suffoquait même, dès qu'il était interrogé. On peut imaginer dans de telles conditions la quantité d'efforts quotidiennement requis à l'école !

Ce que nous ne remarquons pas la plupart du temps revêt pour le « phobique social » une importance disproportionnée. Cette phobie va au-delà du simple trac qui se limite aux situations dans lesquelles le sujet s'expose vraiment. Étrangement, ce trouble n'atteint pas plus les femmes que les hommes. Cela est suffisamment rare lorsqu'on parle d'angoisse ou de dépression pour être souligné. Comment expliquer un tel phénomène ? Nul ne le sait encore.

Le harcèlement sexuel

Prenons le recul nécessaire pour évoquer ce sujet malheureusement à la mode. Certains aspects culturels doivent être impérativement pris en compte. La définition du harcèlement sexuel dépend en effet des limites admises dans une relation « normale » entre deux sujets, limites hautement variables d'une situation sociale à l'autre.

La séduction fait partie de l'agrément et de la réussite d'une relation humaine. Le bébé séduit sa mère qui cherche en retour à le séduire. Il n'empêche, le harcèlement, au sens commun du terme, existe. Saviez-vous qu'aux États-Unis 73 % des étudiantes et 22 % des étudiants en médecine disent avoir été victimes de harcèlement sexuel au cours de leurs études ? Les femmes avaient été harcelées par des hommes dans 96 % des cas et les hommes dans 55 % des cas. Environ 90 % des victimes présentaient des troubles émotionnels : anxiété, épuisement dépressif, colère, etc.

Le harcèlement sexuel est un véritable stress psychosocial dont les hommes sont les principaux instigateurs et les femmes les principales victimes. L'agressivité des premiers est la source de l'anxiété des secondes. Ce phénomène surgit dès l'adolescence. Il peut ensuite être observé à toutes les âges de la vie. Notons, contrairement à ce qui est souvent affirmé, que l'auteur des pressions exercées n'est « hiérarchiquement » le supérieur de sa victime que dans 40 % des cas et que la fréquence du phénomène n'est pas liée au statut professionnel. La différence est donc bien une différence de « genre ». Elle est la conséquence négative, dans le champ de l'expression sexuelle, des particularités affectives de chaque sexe, ici exacerbées : agressivité masculine d'un côté, réponse insuffisamment agressive de l'autre. Les réactions des femmes victimes de harcèlement sexuel peuvent évidemment varier du tout au tout, allant de la soumission à la dénonciation. Notons tout de même que seulement 1 à 7 % des victimes femmes portent plainte.

Ne dramatisons pourtant pas. Nos sociétés, et la société américaine en particulier, ne sont pas gangrenées par la dépravation sexuelle. Lors d'une récente enquête, 85 % des femmes et 75 % des hommes mariés ont déclaré être fidèles dans le mariage ! Est-ce la fin d'un mythe ? En moyenne, un Américain a six partenaires sexuels au cours de sa vie, une Américaine n'en a que deux. Et seulement 3 % des Américains, la plupart âgés de moins de trente ans, ont cinq partenaires au plus dans la même année. Mais si les hommes interrogés dans le cadre de cette étude affirment « n'avoir jamais eu l'impression d'imposer par la force » leur volonté sexuelle à leur partenaire, nombre de femmes soutiennent en revanche avoir été forcées à certaines pratiques par leurs compagnons. Un désaccord si flagrant laisse songeur. Comment, en effet, les versions peuvent-elles à ce point diverger ? Assurément, cela pose la question de savoir comment chaque sexe se représente l'autre. On voit bien, avec ce cas certes extrême, jusqu'où peut aller le désaccord des sentiments...

La psychologie humaine confirme donc les différences entre hommes et femmes, en particulier pour ce qui est des difficultés résultant de l'exacerbation des sentiments humains « normaux ». J'y vois un argument supplémentaire en faveur des différences affectives liées au sexe, ici sous leur forme douloureuse et excessive.

Rien n'est univoque

La lecture quotidienne de la presse confirme la force des stéréotypes culturels. Même une femme journaliste, parisienne de surcroît, peut s'étonner de la violence féminine : « La semaine dernière, deux jeunes Japonaises, qui avaient dû trouver la conversation très intéressante, ont assailli un de leurs interlocuteurs à qui elles avaient donné rendez-vous. Cet employé de bureau de trente-huit ans a été battu comme plâtre avant d'être déshabillé et ligoté par les deux furies. Deux très belles femmes, aux dires de leur victime, qui l'ont pris en photo, nu comme un ver, et l'ont menacé de publier les clichés s'il osait porter plainte pour vol. Car le but de la manœuvre, parfaitement réussie, était de le soulager de 22 000 yens (1 200 francs) et de sa carte de crédit. » Et notre journaliste de sous-titrer avec humour son article : « Des adolescents détroussent des quadragénaires entreprenants, une ménagère rosse le cambrioleur qu'elle a surpris chez elle... rien ne va plus au Soleil Levant. » La nature humaine aime à déjouer les conclusions trop générales. Il serait ridicule de croire que les femmes ignorent la colère ou les hommes la déprime.

Colère de femme

Caroline est étudiante en médecine. Elle est venue me consulter car elle se sent anxieuse. Elle dort mal, fait souvent des cauchemars, a fréquemment des crampes et des douleurs dont le siège varie d'une semaine à l'autre. Elle est plutôt timide et réservée. Elle attribue ce mal-être aux difficiles relations qu'elle a avec ses parents, et surtout avec sa mère dont elle ne parvient pourtant pas à se séparer. Quelques années plus tôt, le couple uni que formait ses parents a éclaté. Son père a eu une liaison avec la femme d'un ami. La mère en a souffert et s'est souvent confiée à sa fille. Caroline connaissait bien le couple et la femme en particulier. Combien la situation a été pénible ! Elle qui depuis toujours a horreur des disputes et des conflits ! Peut-être parce que son frère agressif et bagarreur la provoquait constamment, lorsqu'elle était petite, précise-t-elle.

Pour gagner de l'argent de poche, Caroline travaille de temps en temps dans un salon de thé réputé. Et voilà qu'un jour elle y aperçoit la maîtresse de son père, tranquillement assise à l'une des tables. Une envie de « meurtre » la saisit. Alors Caroline renverse son plateau sur la tête de la femme.

Lorsque la jeune fille me raconte la scène, elle en est encore totalement ébahie. Elle ! La douce, la calme Caroline ! Quelques instants ont suffi à la changer en une véritable furie, agressive, toute à sa colère, à sa haine peut-être.

Révolte chez les Ibos

Pendant plusieurs siècles, les femmes Ibos ont conservé leur autonomie et leur puissance politique et économique. Dans cette société indigène du sud-est du Nigeria, les hommes contrôlaient la terre. Au moment du mariage, le mari était tenu de donner à son épouse un lopin à cultiver. Pour ces femmes, cette parcelle de terrain jouait d'une certaine manière le rôle d'un placement bancaire. Elles y cultivaient toutes sortes de produits locaux, les portaient au marché, se chargeaient de les vendre, et conservaient l'argent de la vente. Les femmes Ibos avaient donc leur propre « magot », ce qui leur donnait une certaine liberté financière en même temps qu'un évident pouvoir économique.

Les choses ont changé au début de ce siècle. L'Angleterre a alors placé le sud du Nigeria sous protectorat et instauré un système de zones territoriales dont elle a confié l'administration à des tribunaux indigènes. Pénétrés de la croyance toute victorienne qu'une épouse n'est que l'appendice de son mari, les Anglais ne pouvaient imaginer une femme exerçant le moindre pouvoir. Ils exclurent donc les Ibos de ces tribunaux. Elles commencèrent alors de perdre de leur pouvoir. En 1929, les Anglais décidèrent de dresser l'inventaire des biens leur appartenant. Craignant une imposition imminente qui les écraserait économiquement, les femmes Ibos se réunirent au marché et tinrent conseil. Elles étaient prêtes à la révolte. Après une série d'échauffourées avec quelques agents recenseurs, elles revêtirent leur traditionnel habit guerrier et partirent combattre. Le soulèvement embrasa près de dix mille kilomètres de territoire. Des milliers et des milliers de femmes y prirent part. Les Anglais ouvrirent le feu et massacrèrent soixante femmes à titre de représailles. Les femmes arrêtèrent la guerre.

Les femmes métalliques

L'émotivité féminine s'exprime aussi parfois par une apparente froideur. Contrairement aux femmes avec qui la connivence s'établit immédiatement par un simple regard, certaines donnent l'impression d'être face à un mur. Hautaines parfois au point de susciter la gêne, elles semblent inhabitées. Certains parlent de « femmes métalliques ». Le plus souvent, cette cuirasse est le signe d'une très grande émotivité, qui se manifeste de temps à autre sous une forme agressive, ce qui accentue encore le malentendu. Je pense à cette jeune femme d'origine américaine qui, au moment de son divorce, s'est brouillée avec la plupart des amis du « couple » qui l'ont, du coup, tenue responsable de la rupture. C'était faux, mais elle n'a rien dit. Un an après, deux anciens amis eurent un enfant gravement malade. La jeune femme montra alors une disponibilité et une générosité qui touchèrent profondément ces jeunes parents durement éprouvés. Ils découvrirent à cette occasion le vrai visage de la jeune femme. L'apparente rudesse et l'agressivité dont elle avait fait preuve au moment de son divorce lui avaient permis de se défendre contre l'angoisse et la douleur qu'elle ressentait alors. D'ailleurs, tous les amis s'étaient trompés. Cette femme avait subi fièrement, trop fièrement, les inconstances de son mari.

Retenues face aux autres, ces femmes le sont tout autant face à elles-mêmes. Jolies, elles n'osent pas se montrer. Intelligentes, elles demeurent en retrait. C'est souvent de façon maladroite et brusque qu'elles manifestent leur existence et leurs sentiments. On les juge alors provoquantes. Erreur ! Il s'agit simplement de ces rares instants où l'armure métallique tombe. C'est évidemment spectaculaire et bruyant.

La solitude est bien sûr le principal risque attaché à un tel comportement. Les deux sexes peuvent en souffrir. Il arrive même que les personnes excessivement réservées, en particulier les femmes, entrent dans un processus « d'anonymat » : l'individualité se dissout et le sujet se change en objet social. Perdre le sentiment de sa propre existence en se perdant dans la foule constitue une autre manière de se protéger des regards. C'est l'attitude de l'enfant ou de l'étudiant qui fait tout pour disparaître quand l'enseignant pose une question à la ronde.

La dépression au masculin

Contrairement à une idée répandue, la dépression n'épargne pas les hommes. Les formes les moins sévères de ce trouble, épisodes dépressifs isolés ou périodiques comme les dépressions d'automne ou de printemps, touchent davantage les femmes. Mais les dépressions les plus graves affectent les deux sexes. Contre ces affections douloureuses – appelées psychoses maniaco-dépressives – où alternent des périodes de tristesse profonde et d'excitation incontrôlée, entrecoupées de période d'équilibre parfait, les sels de lithium correctement prescrits offrent une possibilité de traitement indiscutable, ce qui est rare en ce domaine.

C'est à quarante-quatre ans que Gilbert fait sa première vraie dépression. Jusque-là, sa vie familiale et professionnelle se déroulait sans problème majeur. Seul élément notable de son existence : le décès de son père lorsqu'il avait huit ans. L'événement l'a profondément affecté pendant plusieurs mois, il n'arrivait plus à travailler à l'école et a fini par redoubler. Mais il s'est très vite repris et a fait par la suite de brillantes études. Devenu ingénieur, il a trouvé facilement du travail dans une grande entreprise. Il y a progressé régulièrement, donnant toujours entière satisfaction. Sa vitalité, son énergie, son souci de remplir au mieux les tâches qui lui étaient confiées étaient appréciés. Il respectait ses supérieurs hiérarchiques qui l'estimaient. Sans doute recherchait-il auprès de ces figures paternelles l'amour, l'estime et le maintien d'un lien affectif qui lui avaient tant manqué.

Quelques mois avant qu'il ne fasse cette première dépression, Gilbert accepte un nouveau travail. C'est une promotion. Et, en effet, on lui propose ce poste de sous-direction en raison de ses qualités et de son parcours professionnel sans faute. La tâche demandée est difficile mais il semble être l'homme de la situation. Il s'agit pour lui de diriger un service commercial qui fonctionne mal et où les conflits entre les différentes équipes en place sont incessants. La restructuration de l'organisation ébauchée par son prédécesseur n'a jamais vraiment pu être menée à terme. Gilbert devait apprendre plus tard que le collègue qui aurait dû logiquement occuper le poste à sa place avait refusé, jugeant la mission suicidaire.

Il s'est mis rapidement au travail. Il devait remettre de l'ordre, rendre le service beaucoup plus performant et accroître considérablement le rendement. Avec son dynamisme et son enthousiasme habituels, il s'est lancé à corps perdu dans l'entreprise, bien décidé à réaliser l'objectif en moins de temps qu'il ne lui était laissé. Rapidement, il s'est heurté à de nombreuses difficultés. Il a réagi en travaillant de plus en plus. Sa femme, pourtant habituée à le voir s'investir dans son métier, lui en a fait la remarque. Jamais il n'avait été autant pris. Trois mois après, il s'effondrait. Il était désormais persuadé qu'il n'y arriverait pas. Il se tenait pour personnellement responsable de cet échec. Jamais un tel sentiment de lassitude ne l'avait envahi. Sa vie n'avait aucun sens. Son supérieur hiérarchique direct a cherché à le rassurer tout en lui demandant de continuer son travail. Il a rencontré le médecin de l'entreprise qui a tenté de lui faire voir objectivement les problèmes dans lesquels il se débattait et surtout de lui faire comprendre qu'il ne pouvait pas s'en attribuer la responsabilité. Mais déprimé, Gilbert n'entendait pas.

Nous avons là une dépression masculine relativement caractéristique, fondée sur un investissement d'énergie massif, le désir de faire mieux que les autres, l'esprit de compétition. Ce que les psychanalystes appellent l'idéal du Moi devient le moteur essentiel de l'existence. Seulement l'écart entre la réalisation de l'idéal et ce que le Moi peut réellement faire se révèle si important qu'il amène le sujet à douter totalement de ses propres capacités. Ce très fort sentiment d'impuissance mêlé de désespoir explique en grande partie ce type de dépression.

Les hommes boulimiques

La perte de poids est une obsession quasi constante chez certaines femmes. Les médias sont en partie responsables du phénomène qui font des jeunes mannequins de mode totalement inaccessibles l'incarnation de la femme parfaite. Soyez toutes jolies, saines, minces. Le fait d'avoir un corps qui n'est pas conforme à l'image présentée comme idéale devient alors source de stress, d'anxiété ou de dépression. Dès l'enfance, les petites filles ont tendance à se dévaloriser. Et l'âge n'y fait rien. Selon un sondage réalisé aux États-Unis, si seulement 41 % des hommes contre 59 % des femmes avouent se regarder régulièrement dans une glace, 68 % des premiers et seulement 22 % des secondes disent aimer ce qu'ils y voient. Il faut reconnaître que la nature est injuste : les tissus adipeux représentent 11 % du poids d'un homme mais 23 % de celui d'une femme et, dans le même laps de temps, une femme de trente ans brûle trente-sept calories par mètre carré de surface corporelle, un homme quarante.

Paradoxalement les conduites boulimiques sont de plus en plus fréquentes, notamment chez les jeunes. Mais on pense souvent que seules les jeunes filles et les femmes souffrent du problème. C'est faux. Les études épidémiologiques ont établi que si les troubles de conduite alimentaire touchaient prioritairement la population féminine, ils se rencontraient aussi chez les hommes. Un étude approfondie a été menée en France. Elle a montré que 7,2 % des garçons et 9,8 % des filles âgés de onze à vingt ans présentaient des crises de boulimie régulière [11]. Plus généralement, 12,4 % des garçons et 37,3 % des filles interrogés se disaient excessivement préoccupés par leur poids. Ces résultats ont été confirmés par une étude menée sur des sujets plus âgés.

Plus frappant encore, des facteurs étiologiques déterminants sont communs aux deux sexes. L'incidence plus faible des troubles chez le garçon signifie simplement que ces facteurs – biologiques, sociaux et intrapsychiques – sont plus actifs chez la fille. Prenons ici pour exemple les liens bien connus entre les troubles du comportement alimentaire et les troubles affectifs. Des troubles affectifs peu fréquents entraîne inévitablement un risque plus faible de troubles alimentaires. Cela ne veut pas dire qu'il n'y ait jamais de troubles.

ATTITUDES ALIMENTAIRES CHEZ LES HOMMES
ET CHEZ LES FEMMES
Enquête en Ile-de-France
(Flament, Vallet, Falissard et al., 1994)

Attitudes alimentaires	Hommes (N = 9 775)	Femmes (N = 667)	
	%	%	p[a]
Préoccupations corporelles :			
Se sent trop gros	11	35	< 0,0001
Se sent trop maigre	15	3	< 0,0001
Très préoccupé par poids/corps	27	39	< 0,0001
Terrifié par l'idée de devenir gros	18	42	< 0,0001
Crises de boulimie :			
Crises de boulimie (quelle que soit leur fréquence)	18	15	0,05
Au moins deux crises de boulimie/semaine	7	9	0,002
Stratégies de contrôle du poids :			
Exercice physique (pour maigrir)	5	12	< 0,0001
Sauter des repas	16	24	< 0,0001
Vomissements provoqués	1	1	ns
Coupe-faim	2	8	< 0,0001
Laxatifs	1	2	0,03
Diurétiques	1	2	0,002

a. Importance de la significativité : valeur de p pour des tests de Student comparant les populations masculine et féminine.

L'INTELLIGENCE AFFECTIVE N'A PAS DE SEXE

On dit volontiers « être bêtement anxieux » ou encore « rire bêtement ». Ces formulations sont généralement utilisées pour indiquer des manifestations émotionnelles inappropriées, excessives ou, à tout le moins, disproportionnées. En revanche, on ne dira jamais de quelqu'un qu'il est « intelligemment » anxieux ou qu'il rit « intelligemment ». Comme si naturellement les affects répondaient intelligemment aux situations !

L'homme est capable de raisonnement. C'est à cette faculté que l'on réserve généralement le terme d'intelligence. Mais comment faut-il alors nommer la bonne gestion de l'affectivité ? Par gestion, nous entendons à la fois un savoir statique portant sur les événements, les objets, ou les expériences antérieures et un savoir-faire dynamique lié à l'utilisation et à la construction de ces connaissances. Pourquoi ne pas parler d'intelligence des passions et des relations humaines au même titre que l'on parle d'intelligence « intellectuelle » ? Elle aussi aurait des degrés. Mieux vaudrait alors avoir celle du savant, du savant de l'affectif bien sûr, que du moineau.

L'opposition entre raison et passion est née avec la philosophie. La division platonicienne de la psyché humaine en trois parties, cognition, émotion et conation, a profondément marqué l'histoire des représentations. Au XVIIIe siècle, Kant tient ainsi les émotions pour des maladies de l'âme que la raison guérit. Voici à l'inverse ce que Sartre écrit dans *Esquisse d'une théorie des émotions* : « L'émotion n'est pas un accident, c'est un mode d'existence de la conscience, une des façons dont elle comprend (au sens heideggerien de *verstehen*) son " être dans le monde ". » Il est remarquable que, dans cette phrase, Sartre fasse de l'émotion une modalité de la compréhension humaine, l'assimilant, sans le dire explicitement, à un certain type d'intelligence.

Monsieur V. est un homme dont chacun s'accorde à reconnaître l'intelligence, au sens classique du terme. Il a fait de brillantes études supérieures et a montré aux différents postes qu'il a occupés d'indéniables qualités intellectuelles : claires analyses des situations, organisation rationnelle des tâches confiées, solutions apportées aux problèmes techniques. C'est lui qui a dû décider du lancement d'un nouveau produit et son travail a été remarqué pour l'analyse minutieuse des hypothèses, alternatives et conséquences liées à l'opération.

Son travail est donc satisfaisant. Ses relations avec ses subordonnés beaucoup moins. Son excessive timidité l'amène trop souvent à supporter les écarts ou à accepter les erreurs de ses assistants. Il tait les reproches qu'il devrait formuler. Jusqu'au jour où, incapable de se maîtriser plus longtemps, il entre dans une colère noire et une fureur indescriptible. Coups de sang caractéristiques qui lui permettent de se décharger d'un trop-plein et ne constituent en rien une réaction affective adaptée. Face à ses supérieurs, Monsieur V. connaît d'autres difficultés, en particulier lorsqu'il lui faut présenter un bilan ou, pis encore, solliciter une faveur. Surtout si c'est à une femme qu'il doit adresser sa demande.

Justement Monsieur V. me raconte le dernier entretien qu'il a eu avec la directrice de l'entreprise où il souhaite être embauché. Il lui a présenté ses actes de service et lui a prouvé qu'il maîtrisait parfaitement son métier. Mais il s'est bloqué, lorsque cette femme lui a fait incidemment remarquer que jusque-là il travaillait pour une entreprise rivale. Aussitôt, Monsieur V. culpabilise, angoisse et perçoit une intention hostile. Brutalement, il se sent impuissant. Autant il sait multiplier les arguments rationnels et prouver ses qualités de technicien, autant il peine lorsque les aspects personnels, affectifs ou relationnels prennent le pas. Il éprouve alors une désagréable sensation de gêne. Il ne contrôle plus la situation, ne sait plus réagir efficacement ou, ne pourrait-on pas dire, intelligemment ?

Le récit de Monsieur V. m'amène à lui dire sur un mode imagé qu'il possède deux valises, celle de la logique et celle de l'affectif. Indéniablement, il possède une intelligence ration-

nelle de premier plan mais il est en revanche totalement incapable de gérer de façon satisfaisante son affectivité. Monsieur V. possède deux champs de compétence distincts. L'un est communément désigné dans le langage commun et le langage scientifique par le terme d'intelligence. Quant au second, il renvoie à un autre type de fonctionnement. Mais ne devrait-on pas dire d'intelligence ?

De nombreux exemples tirés de la vie quotidienne montrent à l'évidence qu'il existe bien deux formes d'intelligence. Elles sont généralement plus ou moins associées. Il arrive aussi qu'à l'inverse de Monsieur V. certains sachent gérer l'affectif alors que le raisonnement intellectuel est chez eux totalement déficient. Ainsi les enfants et adolescents considérés comme intellectuellement faibles font parfois preuve d'une très grande « intelligence affective », modulant avec énormément de souplesse leurs émotions en fonction des situations.

Par ailleurs, les activités cognitives, ne serait-ce que penser, sont souvent et peut-être même toujours affectées par l'émotion. De fait, les vrais problèmes sur lesquels butent les spécialistes de l'intelligence aujourd'hui – résolution des difficultés en cas de buts multiples, prise de décision en milieu incertain, coordination de plusieurs systèmes intelligents – sont des problèmes dans lesquels le facteur affectif semble toujours avoir une part. Comprendre les émotions ne permettrait-il pas de mieux comprendre l'intelligence humaine ?

L'intelligence affective différencie-t-elle les sexes ? Non. Trois modes de rapport régissent actuellement les relations hommes/femmes. Le premier, « égalitaire », stipule le partage des pouvoirs, des responsabilités, des préséances et des tâches quotidiennes. Étudiant, chacun paiera sa part ; marié, chacun accordera la même importance à sa vie conjugale et à sa vie professionnelle ; parent, chacun se rendra à tour de rôle aux conseils de classe. Le deuxième, « traditionnel », répartit différemment les fonctions. Aux hommes, le pouvoir, les responsabilités, le devoir de subvenir aux besoins de la famille ; aux femmes de séduire, de faciliter la promotion de leur conjoint et de se charger des tâches éducatives et familiales quotidiennes. Le troisième, « transitionnel », découpe dans les deux premiers modèles, en fonction des situations et du tour pris par la relation.

Par-delà l'idéologie contenue dans ces trois types de relations entre les sexes, peut-on définir ce qui est émotionnellement acceptable de part et d'autre afin de favoriser l'entente et d'éviter les malentendus ? Qui aujourd'hui sait vraiment ce qu'il est autorisé à ressentir ou à exprimer ? Un jeune étudiant, malheureux en amour, peut-il pleurer sans être immédiatement jugé dépressif par ses amis ? Cette jeune femme peut-elle, sans être taxée d'égoïsme ou de sexisme à rebours, exprimer ouvertement le ressentiment qu'elle éprouve à l'égard de son conjoint qui a accepté de partir travailler deux ans à l'étranger ? Et cette mère de famille qui voudrait consulter un psychologue pour comprendre enfin pourquoi son fils intelligent mais distrait doit redoubler sa classe ? Peut-elle demander à son mari de venir avec elle sans qu'il la juge aussitôt trop anxieuse dès qu'il est question de ses enfants ?

Faut-il toujours exprimer ses émotions dans les règles ? Doit-on toujours accepter les normes qui socialement définissent le type d'expressions et même le type d'émotions qu'un homme et une femme peuvent s'autoriser selon les circonstances. Un homme ne doit pas pleurer à un enterrement : être ému certes, mais pas de sanglots. Une femme ne doit pas prendre part à une bagarre. En revanche elle peut, elle doit même, appeler à l'aide. Certaines normes valent aussi pour les plus petits. Une fille qui se bagarre dans la cour de récréation est un « garçon manqué ». Un garçon qui pleure parce qu'un autre l'agresse est une « poule mouillée »...

Certes nos émotions nous situent dans le monde, marquent nos buts, nos motivations, nos intérêts et nos relations aux autres. La manière dont nous choisissons de les exprimer indique la manière dont nous souhaitons être vus et compris. Nos expériences émotionnelles et leurs expressions nous informent et informent les autres si ce que nous ressentons est approprié ou pas, acceptable ou pas, trop intense ou trop léger, convenable ou pas selon notre sexe. L'identité sociale aura également son rôle à jouer mais, semble-t-il, moins que le critère sexuel.

Vivre en société et plus encore nouer des relations profondes, en particulier avec l'autre sexe, requiert de savoir reconnaître mais aussi accepter chez l'autre l'expression d'une émotion – action en surface – et son ressenti – action en profondeur – ou éventuellement de les modifier chez soi à la lumière de ce que l'autre peut attendre, comprendre et partager. Seul sans doute l'état amoureux nous dispense de ce travail. Mais il n'est pas dans sa nature de durer. Le transformer en une véritable complicité exige de savoir gérer sa vie émotionnelle. Pour cela, il convient d'abord de reconnaître l'identité émotionnelle propre à chaque sexe. L'affectivité différencie bien les hommes et les femmes. Ici comme ailleurs, les mêmes causes ne produisent pas les mêmes effets. Tout dépend bien sûr des événements que nous avons vécus mais aussi des images sociales qui nous sont accolées et de la façon dont nous avons appris à y répondre, sans parler de nos forces ou de nos faiblesses originelles. Toutefois un telle reconnaissance est nécessaire pour conférer aux relations trop souvent conflictuelles une dynamique nouvelle.

CHAPITRE IV

L'Histoire ou le miroir des sentiments

> « C'était une jeune fille d'aujourd'hui, c'est-à-dire, à peu près, un jeune homme d'hier. »
>
> *L'Europe galante*, PAUL MORAND

Longtemps considérée comme un fait de nature, les différences entre les sexes sont aussi un fait de culture. Bien sûr, il y a le code génétique et le fameux XX des uns ou XY des autres. Mais il existe également un autre code, tout autant déterminant, celui qui définit le comportement collectif d'une époque et précise les différents statuts du masculin et du féminin. L'histoire et l'anthropologie montrent que la question a souvent été posée en termes de pouvoir. Pendant plusieurs siècles, la domination des hommes a reposé sur des fondements apparemment naturels. Les différences d'émotions ont servi à justifier cet état de fait : l'agressivité étant masculine et la sensibilité féminine, auquel des deux sexes pouvait bien revenir le pouvoir ?

La domination masculine a joué, pour se maintenir, des clichés émotionnels. La force, le courage, l'absence de peur définissaient l'homme, non la femme. Les tout premiers mouvements d'émancipation féminine et plus encore ceux du XXe siècle ont donc cherché à leur tour, sans doute pour mieux se faire entendre, à reprendre aux hommes ce qui était jusque-là leur propriété exclusive. Au risque de se prêter des émotions qui n'étaient pas les leurs ? Mais, dans un monde « guerrier » privilégiant l'agressivité, les femmes pouvaient-elles espérer voir reconnaître socialement leur style émotionnel propre ? Il existe à l'évidence un lien entre le statut social, le pouvoir détenu et la capacité laissée à chacun d'exprimer telle ou telle émotion. En cette fin de XXe siècle, les mentalités ont encore à changer. C'est là probablement l'un des enjeux majeurs de demain.

LES HOMMES PRENNENT LE POUVOIR

Pour beaucoup, la distribution sociale des rôles entre hommes et femmes aurait été de règle dans les sociétés primitives. Aux hommes, la chasse, aux femmes la cueillette. Certaines contrées retirées d'Afrique ou d'Océanie respectent encore aujourd'hui cette division sociale et économique des tâches. Michel Tournier raconte à ce sujet une anecdote savoureuse. Lors d'un voyage en Afrique, il découvre à quelque distance d'un village apparemment déserté un groupe d'hommes assis à l'ombre d'un acacia. Saisi d'une curiosité « ethnographique », il se met à questionner ces paisibles villageois. « Chez nous, c'est tranché comme ça ! » lui répond l'un d'eux, avec un geste énergique de la main. « Les hommes vont à la chasse, les femmes cultivent les champs. » « Mais, s'étonne l'un des compagnons de Michel Tournier, vous n'êtes pourtant pas à la chasse. » Grand rire homérique des hommes. « Ici, Monsieur, on n'a pas vu une tête de gibier depuis des générations ! »

Selon Michel Tournier, la situation de ce village africain présage l'avenir des sociétés occidentales. Les chiffres lui donnent raison. En France, au cours des trois dernières décennies, la croissance de la population active est pour 90 % due aux femmes. Plus de quatre millions d'entre elles ont ainsi fait leur entrée sur le marché du travail. Dans le secteur tertiaire, leur activité progresse deux fois plus vite que celle des hommes. Mieux encore, si les femmes sont particulièrement représentées dans l'enseignement et les professions médicales, elles sont aussi parties à la conquête de nouveaux territoires, comme la publicité ou le journalisme où leur progression est proportionnellement plus remarquable encore. Ce propos apparemment « sexiste » ne révèle-t-il pas cependant un véritable enjeu ?

Mais revenons quelques siècles en arrière. C'est avec l'apparition des sociétés agraires et des premières formes de mécanisation rudimentaire que les femmes ont perdu leur suprématie au profit des hommes. Pour l'anthropologue Helen Fisher : « Il n'y a probablement pas eu un seul outil dans l'histoire de l'humanité qui ait provoqué une telle dissension entre hommes et femmes et autant de bouleversements dans leurs habitudes sexuelles et matrimoniales que la charrue... La charrue était lourde. Il fallait qu'un gros animal pût la tirer, et cela requérait la force masculine... À partir de ce moment-là on considéra les femmes comme inférieures aux hommes [1]. » C'est donc la « nature » qui, selon ce point de vue, aurait déterminé les relations sociales et affectives entre chaque sexe.

Si les sociétés agraires n'ont pas eu le monopole de l'inégalité sexuelle, si toutes les femmes qui y ont vécu n'ont pas subi la même sujétion sociale, la plupart de ces sociétés ont respecté le principe du « Honore ton mari ». Et pas seulement les pays de religion chrétienne. Une amie me racontait récemment son voyage en Inde et la forte impression que lui avait laissé le rite ancestral du *Sati*, c'est-à-dire de la « veuve », qui commande à toute femme « honorable » de se jeter dans le bûcher de son mari défunt. Mais le sentiment de culpabilité n'est peut-être pas là où on le croit. Le mari qui approche de la mort envisage-t-il avec sérénité l'« avenir » de son épouse ? À l'angoisse de la mort s'ajoute probablement chez ceux qui aiment leur femme l'effroi du rite imposé à l'autre.

MÂLE MOYEN AGE, TENDRE RENAISSANCE

Georges Duby écrit que dans la France du XIIe siècle : « les réactions affectives des hommes étaient les seules qui soient jamais prises en compte[2] ». L'enfantement demeure à cette époque la fonction première de la femme ; il lui faut « donner des enfants au groupe d'hommes qui l'accueille, qui la domine et qui la surveille ». Au Moyen Âge, une jeune fille pouvait, dès l'âge de douze ans, être arrachée à l'univers clos qui lui était réservé dans la maison des femmes. La morale et la coutume de l'époque l'y autorisaient. Le petit garçon quittait plus tôt encore le giron maternel. À partir de sept ans, son éducation échappait totalement aux femmes. Commençaient alors pour lui les exercices virils et les jeux physiques destinés à permettre le développement de sa mâle nature. Ensuite, il prenait femme. Les *sponsalia*, cérémonies par lesquelles le pacte était conclu entre les deux familles, pouvaient être très précoces. « Le consentement mutuel était exprimé, et, lorsque la fillette était trop jeune encore pour parler, un simple sourire de sa part semblait le signe suffisant de son adhésion[3]. » Le mariage est une institution centrale au Moyen Âge où le code matrimonial, le code de parenté et le code successoral sont étroitement liés. « Maintenir d'âge en âge l'état d'une " maison " est à cette époque comme à d'autres capital. » Trouver pour les garçons le meilleur parti, pour les filles offrir la plus belle dot est évidemment la règle. Ceci est toujours vrai de nos jours dans certains pays. Ainsi en Inde. Parce qu'ils sont de sexe féminin, un million de bébés ne voient jamais le jour et plusieurs milliers de nouveau-nés sont tués après l'accouchement. Leur crime ? Coûter trop cher.

Le Moyen Âge semble une époque résolument masculine. Selon Georges Duby, même l'amour « courtois » est, en vérité, un jeu masculin. Prudence pourtant, comme le fait remarquer l'historien lui-même, puisque toutes les sources dont nous disposons sur cette période nous ont été laissées par des hommes ! À trop nous fier à ce qu'ils nous disent, nous pourrions bien nous méprendre. Et, de fait, il semble bien exister dans ce mâle Moyen Âge un pouvoir féminin lié à une organisation sociale fondée sur la famille, plus exactement sur la maison, le *domus*, royaume de la « dame ». Du reste apparaissent déjà quelques femmes de pouvoir chez qui on peut imaginer des émotions fort proches de celles des hommes de l'époque. C'est évidemment le cas de Blanche de Castille, la mère de Saint Louis ! Mais il est vrai que la Renaissance est une époque autrement plus riche en figures emblématiques. Catherine de Médicis ou la Reine Margot ont laissé dans l'Histoire l'image de femmes dont les émotions allaient des plus viriles aux plus typiquement féminines. Comme l'écrivent Arlette Farge et Natalie Zemon Davis : « Du XVIe au XVIIIe siècle, sur l'ensemble des scènes domestiques, économiques, intellectuelles, publiques, conflictuelles et même ludiques de la société, la femme est là [4] ».

De façon significative, la Renaissance est le temps

d'une véritable révolution vestimentaire où l'habit féminin se différencie fortement de l'habit masculin. Une époque « anti-jean » en somme ! La robe de l'homme est raccourcie, celle de la femme laisse apparaître une taille affinée. La délicatesse et la sensibilité féminines sont reconnues. Les femmes sont apparemment plus libres d'exprimer leurs émotions qu'à l'époque précédente.

C'est à la Renaissance qu'apparaissent les premiers indices d'une reconnaissance de la spécificité des émotions. Certaines semblent universelles, d'autres inhérentes à l'un ou l'autre sexe. Mais hommes et femmes ont désormais une vie émotionnelle. De Titien à Véronèse, du Tintoret au Caravage, toutes les nuances émotionnelles sont enfin représentées ! Qui plus est pour chaque sexe !

Trois siècles de dissidence (xvie – xviiie)

Jusqu'au xviie siècle la domination masculine est jugée « naturelle ». En retour, on attend de l'homme qu'il se montre à la hauteur. Ceci explique que l'impuissance masculine est alors considérée par les tribunaux ecclésiastiques comme un délit social, grave et punissable. Fin xvie siècle, les procès en impuissance se multiplient. Plusieurs affaires sont restées célèbres comme celle du marquis de Langey.

Or, de quand date la guerre des sexes ? Sans doute de cette même fin du xvie siècle [5]. On ira même à l'époque jusqu'à parler de la « querelle des femmes ». « Les archives transportent au cœur de la discorde : la femme y est nommée malicieuse, imparfaite, être d'excès et de diablerie, mortifère et rouée. On a beau la dire douce et soumise, c'est plutôt sa cruauté et son excessive sexualité qui semblent bientôt l'emporter dans les descriptions. Le débat sera âpre [...]. Le XVIIIe siècle, qu'on dira plus tard le siècle de la femme, s'ouvrira et se déroulera sur un débat très animé autour de la raison des femmes... » Dans ce débat sur la raison, les positions des uns et des autres se révéleront au fond excessivement passionnelles et affectives.

Du XVIe siècle au XVIIIe siècle, les femmes qui tentent d'échapper à leur triste condition appartiennent à toutes les classes sociales. Celles des classes aisées entrent en dissidence intellectuelle, manifestant leur esprit dans les salons qu'elles tiennent ou encore dans les lettres, les romans ou même les articles qu'elles écrivent. La dissidence des femmes du peuple suit des chemins de traverse, allant soit dans le sens de l'inféodation affective – prostitution, criminalité, sorcellerie – soit dans celui de l'émancipation, les femmes devenant en temps de crise et de révolte d'actives émeutières et de vraies meneuses d'hommes.

Le cliché qui faisait de la domination masculine le juste reflet d'un ordre naturel, c'est-à-dire biologique, vole en éclat sous l'effet de considérations sociales et culturelles. Désormais, les femmes peuvent se mettre en colère et montrer de l'agressivité lorsqu'elles se battent pour la reconnaissance d'un droit ou partagent avec d'autres un même sentiment de révolte et d'injustice.

Pour certains, le pas franchi à l'époque est bien plus important encore. À la fin du XVIe siècle, apparaît en Europe sous l'impulsion des femmes un nouvel art de converser. Le discours masculin qui, au nom de principes naturels, clivait le monde en deux, mettant les hommes d'un côté et les femmes de l'autre, est remis en cause : « Le langage des courtisans resta longtemps grossier, leur comportement, ostentatoire, leur modèle, celui du coq se rengorgeant. Mais les dames de la cour se lassèrent, et, en Italie d'abord, puis en France et en Angleterre, et finalement dans toute l'Europe et au-delà un nouvel idéal de comportement fut créé [...]. De même que Marilyn Monroe allait apprendre à toute une génération ce qu'être sexy signifiait, Mme de Rambouillet montra ce qu'être sociable voulait dire [...]. Les salons furent à la conversation ce que fut à Shakespeare le talent de Garrick, le moyen, selon Mme Necker, de " faire passer ses sentiments dans l'âme des autres " [6]. » Au-delà du phénomène des « salons », du reste passager, une première brèche était ainsi ouverte. Mais la suite de l'histoire et... de l'Histoire devait montrer la fragilité de cet acquis. Les débuts de l'industrialisation au siècle suivant auront les mêmes effets que l'invention de la charrue ! De nos jours encore, l'art de converser qui au XVIIIe siècle permettait de mieux se comprendre et de mieux comprendre l'autre sexe est à redécouvrir.

Types féminins du XIXe siècle

Un jour, alors que je me promenais au marché d'Ars-en-Ré, je découvris à l'étal d'un bouquiniste un « chef-d'œuvre » inconnu du XIXe siècle. Il s'agissait d'un ouvrage écrit en 1870 par une certaine Mme Bourdon et intitulé très simplement *Types féminins*. Le livre avait probablement connu un certain succès puisque sur l'exemplaire que je me procurai figurait la mention « Deuxième édition ».

C'est donc par hasard que j'ai découvert les cinq types féminins de Mme Bourdon : la fille, la sœur, l'épouse, la mère et la religieuse. Je ne résiste pas au plaisir moqueur de citer les premières lignes du texte : « La gloire chez les femmes ne peut venir que du cœur ; toute la beauté de la fille du roi, dit la Sainte

Écriture, est à l'intérieur, et c'est là ce qui les élève au-dessus de l'homme, qui peut être grand sans être bon, qui peut devenir illustre sans avoir été vertueux. César était-il bon ? Alexandre ne mêla-t-il pas des crimes à ses grandeurs, et les actions les plus barbares à quelques traits touchants, où l'humanité se révèle ? Cependant, ni les peuples immolés aux mânes d'Ephestion, ni le meurtre de Clitus, ni les débauches, ni les festins prolongés au-delà de cette modération chère aux Grecs, n'ont empêché sa gloire, pas plus que les cruautés politiques du froid Octave n'empêchèrent la renommée d'Auguste. Et que d'autres on pourrait citer parmi les guerriers, les hommes d'État, les poètes, dont la vertu fut inférieure au génie !

« Mais il n'en est pas ainsi des femmes ; et sauf quelques reines qui ont pesé sur l'histoire du monde, la coupable Sémiramis, la perfide Élisabeth, Catherine II, intelligente et dure comme le peuple sur lequel elle régnait, les femmes ne sont arrivées à l'immortalité que par la vertu, et c'est dans les douces affections domestiques, dans le dévouement au devoir, dans la résignation parmi les souffrances, dans la piété envers Dieu et la tendresse fidèle envers leurs proches, que leur grandeur se déploie librement. Encore une fois, leur gloire vient de l'âme, et parmi elles, les noms qui ont survécu à l'oubli sont les noms respectés des filles pieuses, des sœurs dévouées, des épouses fidèles jusqu'à la mort, des mères héroïques et tendres, Ruth et Antigone, Andromaque, Éponine, Élisabeth de Hongrie, Cornélie, la mère des Macchabées, et Blanche de Castille. Les écrivains anciens et modernes se sont plu à célébrer ces figures idéales, ces types angéliques de la femme, et c'est dans leurs écrits que nous irons chercher les traits les plus doux et les plus nobles sous lesquels on ait présenté la femme... »

Le tableau des écrivains de l'époque est pourtant plus sombre. Les frères Goncourt et Maupassant ont fait de la femme une créature languissante et douillette, fardée et apprêtée, totalement soumise à l'homme. Zola dans *Les Rougon-Macquart* montre l'âme féminine en proie à d'innombrables fantasmes sexuels. La femme hystérique y est souvent représentée. Citons à titre d'exemple le personnage d'Adélaïde Fouque, l'aïeule « sujette à des crises nerveuses qui la jettent dans des convulsions terribles ». Mais la femme androgyne est également dépeinte, notamment sous les traits de « la brûlée » qui, dans *Germinal*, conduit le « galop des furies », ces épouses de mineurs qui se jetteront sur le cadavre de l'ingénieur Maigrat. Pour la femme séduisante et sexuée, chacun se souvient de Nana ou encore d'Albine dans *La Faute de l'Abbé Mouret*. En homme bien de son temps, Zola éprouve face à la femme une sorte de « terreur sacrée », comme le dit si bien le personnage de Bourdoncle dans *Au Bonheur des Dames*.

Un esprit fort voisin apparaît chez les hommes de science. Le célèbre médecin Paul Broca compare en 1861 le poids d'une centaine de cerveaux prélevés sur des cadavres des deux sexes dans les Hôpitaux de Paris. Il commet alors une énorme erreur de méthode, mais combien significative, oubliant dans ses calculs d'établir un rapport entre le poids du cerveau et la taille du sujet. Très naturellement, il en conclut à l'infériorité intellectuelle de la femme, ce dont il était de toute façon déjà convaincu !

Les choses vont pourtant changer au XIXe siècle, notamment grâce au développement du système éducatif. La loi Duruy du 10 avril 1867 donne aux petites filles comme aux petits garçons la possibilité de suivre un enseignement, en prescrivant la création d'une école distincte pour chaque sexe dans toute commune d'au moins cinq cents habitants. La loi Camille Sée du 21 décembre 1880 crée des lycées et des collèges pour jeunes filles. L'idée d'instituer des lycées mixtes étant écartée, il faut dès lors former des professeurs femmes, mission qui sera celle de l'École de Sèvres fondée en 1881. À cette époque, les institutrices sont plus nombreuses que les instituteurs, toutes écoles confondues, publiques et libres. Cette supériorité numérique se maintiendra après la laïcisation du personnel en 1886 et ne fera que s'accentuer au fil des ans. L'emprise des femmes sur l'enfance et notamment l'enfance scolarisée n'est pas un vain mot. Le métier d'enseignant s'accorde au fond assez bien avec l'image traditionnelle du rôle laissé aux femmes.

Le XIXe siècle est également celui qui a forgé le terme de névrose. L'étude systématique de l'hystérie est entreprise par le psychiatre français Briquet. En 1859, celui-ci constate la forte prédominance des femmes parmi ses malades. Sa conception étiopathogénique est très innovante pour l'époque. Elle insiste sur le rôle des relations et des émotions, tout en maintenant un cadre localisateur. La maladie viendrait d'une altération de la portion de l'encéphale correspondant aux impressions affectives, aux sensations, aux passions, ce qui expliquerait qu'elle se rencontre principalement chez les femmes. Quelques années plus tard, le grand neurologue Charcot insiste, à l'inverse, sur l'existence de l'hystérie masculine. C'est à la suite d'un séjour dans son service que Freud découvrira en six mois, d'octobre 1885 à mars 1886, la clinique de l'hystérie. Il en reviendra transformé et décidera d'ouvrir son propre cabinet à Vienne où il recevra, du moins dans un premier temps, les jeunes femmes viennoises de la bonne société. De l'hystérie il écrit : « On doit admettre de toute façon que les conditions fonctionnelles concernant la vie sexuelle [y] jouent un grand rôle et c'est ainsi en raison de l'importante signification psychique de cette fonction, spécialement dans le sexe féminin. » À partir de ces deux maladies affectives par excellence, l'hystérie de ses patientes et sa propre neurasthénie, névrose bien masculine en revanche, Freud allait bâtir l'une des théories les plus novatrices du XXe siècle. La psychanalyse était née.

FREUD ÉTAIT-IL MISOGYNE ?

Freud était-il misogyne ? Celui qui est à l'origine de l'une des plus passionnantes remises en cause des fondements de notre vie émotionnelle et sentimentale avait-il sur la femme, ce « continent noir », des préjugés sexistes ? Si sa conception du développement masculin est demeurée inchangée d'un bout à l'autre de son travail d'archéologue sur le psychisme humain, la sexualité féminine n'a jamais cessé d'être pour lui une énigme. Les difficultés qu'il a rencontrées à ce sujet transparaissent dans son œuvre.

Selon le psychanalyste contemporain Jean Laplanche, il n'y a pas chez Freud misogynie mais dévalorisation du sexe féminin et prééminence du phallus, comme chez Lacan d'ailleurs. Julia Kristeva est plus nuancée. Selon elle, Freud a bien vu que la féminité demeure ce qu'il y a de plus difficile à reconnaître... par les deux sexes. À ses yeux, l'analyse est justement l'une des rares possibilités – peut-être la seule – qui nous soit donnée de découvrir les traits spécifiques du psychisme féminin et de favoriser ainsi son développement.

Freud croyait à tort que la conscience du devoir professionnel suffisait à assurer la neutralité du praticien dont les observations au cours de l'analyse seraient libres de tout préjugé culturel. Combien ses croyances sur la nature de la femme reflètent pourtant les préjugés de son époque !

Ce qui a incontestablement intéressé Freud, c'est la bisexualité psychique de l'être humain, ce qu'il y a de féminin et de masculin dans les deux sexes et qui détermine ses choix amoureux. Il repère en particulier une opposition fondamentale entre le désir de s'identifier au parent du même sexe et celui d'entrer en relation avec le parent de l'autre sexe. Le dualisme des désirs qui se manifeste dès la naissance marque les différentes étapes du développement de l'individu et peut être la source de conflits plus ou moins importants entre le masculin et le féminin : il influe sur l'autonomie, la vie sexuelle ou la vie de couple du sujet. De ce dualisme, Freud concluait à la plus grande vulnérabilité de la femme soumise à des exigences plus complexes. Enfant, elle doit transférer l'amour qu'elle porte à sa mère sur son père – c'est le fameux stade œdipien –; adolescente, il lui faut reporter son investissement sexuel du clitoris au vagin.

Beaucoup ont reproché à Freud une théorie du développement dans laquelle la petite fille et la femme demeurent passives, marquées qu'elles sont par « le manque » du pénis. Malgré l'inachèvement de ses recherches sur le mystère féminin, le père de la psychanalyse tiendra tout au long de sa vie l'envie du pénis comme le complexe féminin central. L'autoritarisme, l'attitude dominatrice de certaines femmes, le comportement de celles qu'on appelle aujourd'hui, souvent avec une connotation péjorative teintée de machisme, « les femmes phalliques », résulteraient d'une névrose infantile insuffisamment dépassée.

Les mutations qui se sont opérées depuis ont modifié nos propres normes culturelles. Elles nous permettent rétrospectivement de mesurer à quel point la théorie psychanalytique était à sa naissance imprégnée des préjugés de l'époque. Pour expliquer le développement de la sexualité féminine, son évolution « normale » et ses éventuels conflits névrotiques,

Freud s'est servi d'un seul concept, celui de l'envie du pénis : la féminité résulte d'une masculinité qui n'a pas abouti. Par là, la théorie freudienne condamnait le sexe féminin à l'infantilisme et à l'immaturité par rapport à l'autre sexe.

Les premières psychanalystes femmes ont peu réagi. Se fondant sur une longue pratique clinique, Hélène Deutsch liait pareillement la féminité à la passivité et au masochisme. Depuis, les femmes psychanalystes, féministes ou non, se sont démarquées des positions du maître, estimant que la situation œdipienne est tout aussi complexe pour le petit garçon que pour la petite fille. La psychanalyste Marjorie Barnett résume en 1967 ce point de vue : « Si nous simplifions à l'extrême, l'aspect libidinal de la situation œdipienne positive, passive, de la fille peut être schématisé comme suit : " Je veux avoir du plaisir de mon appareil génital avec mon père – mais il ne veut pas. " La situation œdipienne libidinale positive, active, pour le garçon s'écrit en cette simplification : " Je veux avoir du plaisir de mon pénis avec ma mère, mais je ne peux pas. " Remarquons cependant que la petite fille reste " passive ", car dépendante de la volonté et du désir du père et le garçon " actif " car dépendant en fait de ses propres possibilités [7]. »

D'autres psychanalystes iront plus loin dans la contestation, mettant le clitoris et le vagin sur le même plan que le phallus. À l'envie féminine du pénis correspond l'envie masculine pour la fonction procréatrice. La célèbre psychanalyste américaine Judith Kestemberg considère toutefois qu'une différence fondamentale subsiste entre les sexes : « La sensation sexuelle de la femme est orientée vers le dedans et plus infiltrée par des sensations génitales internes, purement viscérales, que par des sensations de l'appareil génital externe. La sensation sexuelle de l'homme est orientée vers le dehors et utilise davantage les sensations phalliques externes que les sensations génitales internes, purement viscérales, qui marquent le début de l'éjaculation. » Mais si une distinction est ainsi faite, il ne s'agit plus, à la différence de ce que pensait Freud, d'une supériorité.

Le préjugé patriarcal de Freud

Faisant du développement de la femme une simple variante du développement masculin, Freud n'est pas parvenu à élaborer à ce niveau une théorie globale et exacte. Ses préjugés théoriques se sont traduits en préjugés thérapeutiques, produisant parfois des effets néfastes sur les patients qu'il traitait. Non seulement Freud a considéré que les femmes étaient dépourvues de pouvoir, mais il a leur refusé une sexualité puissante et unique.

Karen Horney compte parmi les premières psychanalystes à s'être demandé si l'insistance freudienne sur l'envie de pénis n'était pas liée à l'envie de l'homme pour la fonction procréatrice de la femme [8]. Les féministes n'ont d'ailleurs pas été les seules à relever la trace de valeurs patriarcales dans la conception freudienne de la psychologie féminine. Ainsi R. Schafer écrit-il : « Les idées de Freud sur le développement des filles et des femmes et sur les traits psychologiques de celles-ci, bien que porteuses de riches découvertes cliniques et théoriques semblent avoir été édulcorées considérablement par l'influence de valeurs patriarcales traditionnelles [9]. » Et J. B. Miller devait faire cette observation intéressante et juste : « La logique freudienne a réussi à transformer cet accomplissement impressionnant qu'est le fait de pouvoir donner la vie, la seule fonction autorisée à la femme, en une banale quête de l'organe mâle [10]. »

Cette influence apparaît clairement dans des présupposés douteux, dans quelques erreurs de logique ou quelques inconsistances. De même voit-on certaines enquêtes tronquées au lieu d'être approfondies, certaines variables du développement sous-estimées. Quelques confusions apparaissent également dans les observations, les définitions et les valeurs préférentielles [11]. Les croyances de Freud reflètent celles de sa culture. La distorsion systématique qu'il introduit nous avertit du danger qu'il y a à se fier au bon sens et au consensus culturel d'une époque pour conforter une théorie scientifique. La partialité de nos valeurs nous berce de complaisance théorique.

Nouvelles théories sur l'identité de genre

Depuis les travaux de Freud, l'identité selon le genre a été reconsidérée [12]. Les psychanalystes s'accordent de plus en plus pour considérer que les conceptions classiques ne permettent pas d'établir une corrélation entre l'acquisition de l'identité liée au noyau précoce du sentiment de genre ou *core gender* – « je suis mâle/femelle » – et celle de l'identité liée au genre – féminité/masculinité dans le développement de l'individu. Les différences anatomiques pour importantes qu'elles soient ne sont plus considérées comme déterminantes. Selon certains psychanalystes, c'est l'étude de l'identité selon le genre qui a entraîné la révision la plus importante de la théorie freudienne du développement de la femme.

Dans ses écrits des années 1925, 1931 et 1933, Freud affirme que le développement pré-phallique est essentiellement le même chez les deux sexes. Une véritable distinction n'apparaît qu'au moment où l'enfant découvre que le petit garçon a un pénis et que la petite fille n'en a pas. Freud fonde sa théorie de la masculinité/féminité, ce que nous appelons maintenant *gender role identity*, sur la différenciation qui se produit dans le comportement de l'enfant après cette découverte. Selon la psychologie freudienne, l'envie de pénis ou le complexe de masculinité se trouve au centre même de la psyché féminine, l'angoisse de castration étant son pendant masculin : la féminité est, en quelque sorte, la conséquence d'une masculinité « empêchée ». Découvrant cette différence sexuelle et son corrélat, infériorité clitoridienne et envie de pénis, la petite fille développe alors des caractères de compensation – passivité, masochisme, narcissisme et dépendance – qui marqueraient son adaptation à une profonde blessure narcissique. Dernier point, la cause des troubles féminins – infériorité génitale et envie de pénis – étant essentiellement incurable, les possibilités thérapeutiques sont limitées.

Il y a, dans cette théorie, quelque chose de profondément dérangeant dans la mesure où le petit garçon et la petite fille commencent à se différencier dans leur comportement et leurs centres d'intérêt entre douze et dix-huit mois. La formulation freudienne sous-estime le danger qu'il y a à promulguer des théories sur le développement de l'adulte sans caution préalable provenant d'une observation attentive des enfants.

K. Horney [13] et E. Jones [14] se sont élevés avec force contre les théories freudiennes en affirmant que la différenciation du masculin et du féminin se produit dans l'enfance avant la découverte de la différence anatomique. À la différence de Freud, ces deux auteurs estiment que la féminité n'est pas une conséquence. Elle est antérieure au stade phallique. Elle est innée. Pour Horney, le choix d'objet hétérosexuel s'explique par la féminité innée, elle-même ancrée dans la biologie et la conscience du vagin, non par une quelconque déception due à l'absence de pénis. Jones adhère aux idées de Horney : « La question en dernière analyse est celle-ci : “ Naît-on ou devient-on femme[15] ? ” » Pour l'un comme pour l'autre, le désir hétérosexuel est inné : c'est sa libido, non son narcissisme, qui conduit la petite fille à désirer le pénis.

Si les théories contemporaines confirment ces observations, elles considèrent que les explications de Horney et de Jones sont encore trop étroitement liées aux théories freudiennes. Comme Freud, ils accordent une trop grande importance à la perception des organes sexuels et aux sensations génitales. Par ailleurs, les recherches actuelles ont montré que le choix d'objet sexuel était acquis et non pas inné. Ces observations prouvent que la différenciation selon le genre ne peut provenir principalement de la conscience du corps, de la perception des différences sexuelles ou d'une hétérosexualité innée.

J. Money[16] a démontré que le premier pas décisif vers la différenciation selon le genre est la désignation de soi par l'enfant comme mâle ou femelle. Cette désignation a, en effet, des composantes conscientes et inconscientes. Le *core gender* ou noyau précoce du sentiment de genre est la conséquence de cette identification de soi très précoce comme mâle ou femelle, plus tard symbolisée en termes d'organes sexuels externes. Le *core gender* est donc le produit essentiel de facteurs liés à et situés dans l'environnement social. Il découle de l'apprentissage non-conflictuel, de l'expérience et non pas du conflit. La distinction entre genre et sexe biologique est au cœur des théories qui ont cours de nos jours. La plupart des théoriciens actuels pensent que les lignes du développement du genre sont antérieures à celles régissant la sexualité, ce qui constitue une réfutation sans appel de la formulation originale de Freud. Cette nouvelle formulation théorique a provoqué de nombreuses modifications dans le traitement thérapeutique, qui très souvent sont survenues sans être explicitées.

On considère aujourd'hui que la féminité est, dans son contenu, surdéterminée, notamment par des facteurs culturels. Son concept a été débarrassé des stéréotypes qui lui étaient traditionnellement attachés : passivité, masochisme, dépendance, narcissisme. Féminité et masculinité sont vues comme des constructions parallèles. La tendance théorique actuelle n'est plus à considérer comme intrinsèquement douteuses les perspectives d'avenir des femmes qui se voient reconnaître une créativité et une autonomie semblables à celle des hommes. Il subsiste pourtant une question de nature psychanalytique, portant sur le développement psycho-sexuel qui ne saurait être réduit à l'expression d'un pur déterminisme culturel. Elle concerne la polarité universelle du rôle ou des rôles liés au genre et qui existent bel et bien malgré leur plasticité. Il faudrait en fin de compte parvenir à élaborer une théorie intégrant les relations d'objet, l'investissement symbolique des organes sexuels et les différences sexuelles à la perspective culturelle.

Les différences liées au genre sont aujourd'hui attribuées à plusieurs facteurs : différences biologiques, fantasmes originaires, mais aussi apprentissage, rapports de pouvoir, socialisation, mythes fondateurs et enfin conscience du corps.

Vers un changement de paradigme

Rétrospectivement, il apparaît que la psychanalyse n'a pas pu prendre en compte les premières critiques des théories sur le développement de la femme avant d'avoir su théoriser sur l'intersection entre psychologie individuelle et milieu culturel. Certains analystes s'étaient élevés contre les théories proposées par les tenants de l'école de pensée « interpersonnelle » pour lesquels la subjectivité ne faisait que refléter le monde extérieur. Ils voyaient dans les critiques des formulations classiques du développement de la femme le choix d'une perspective culturelle menaçant la reconnaissance – si difficilement conquise – de l'importance des facteurs intrapsychiques et inconscients.

Ce n'est que récemment que les postulats théoriques de la psychanalyse se sont élargis au point de pouvoir assimiler les critiques formulées auparavant. Avant d'en arriver là, il a fallu réfléchir à la question posée par Marcuse : « L'inconscient a-t-il une histoire[17] ? » Plus précisément, cette question porte sur la manière dont la réalité externe est internalisée et organise la psychologie de l'individu. Il fallait donc avant tout s'éloigner d'une théorie selon laquelle tout développement serait exclusivement la conséquence préétablie du développement libidinal pour passer à une théorie qui loin de réduire les processus mentaux à la biologie se focaliserait sur les relations d'objet et l'internalisation comme organisateurs psychiques majeurs. La partialité vis-à-vis des femmes ne pouvait apparemment pas être reconnue ou acceptée avant que n'intervienne un changement paradigmatique plus général.

On s'accorde de plus en plus aujourd'hui pour considérer que la théorie de la libido prise isolément fournit une explication insuffisante du développement de l'être humain. Si les principaux fondements de la psychanalyse – motivation, importance de l'expérience infantile, processus mentaux inconscients, etc. – demeurent valables et sont presque acceptés universellement, certains postulats de la métapsychologie ont été mis en cause. À partir des recherches sur la psychologie du Moi, H. Lichtenstein[18] a posé que la maturation de la personnalité ne pouvait plus être tenue comme la seule variable subordonnée et la sexualité pour la seule variable indépendante. La sexualité est désormais considérée comme une variable indépendante parmi d'autres, encore que quelques théoriciens lui attribuent le rôle majeur. La théorie des relations d'objet essaie de formuler les modes selon lesquels est internalisée l'expérience du monde extérieur, pas seulement pour ce qui est de l'organisation de la perception et des relations affectives mais aussi pour ce qui est de la création même de la subjectivité. Si toute la théorie psychanalytique reconnaît l'internalisation des valeurs externes et des interdits comme facteur formateur de l'idéal du Moi et du Surmoi, la théorie des relations d'objet met davantage l'accent sur la manière dont la subjectivité constituée de fantasmes et la formation du Moi sont influencées par l'expérience. Même la sexualité aussi ancrée qu'elle soit dans le biologique est infiltrée de sens et ne peut être comprise sans référence à une culture. Les individus internalisent des aspects de leur univers interpersonnel, même si cela se passe dans un registre que frappent de distorsion les processus mentaux et les fantasmes infantiles. C'est cette internalisation qui confère sa forme particulière à l'expérience du désir et à l'expression de la sexualité de chacun.

Ces changements dans la pensée psychanalytique ne sont pas la conséquence d'une quelconque révolution sociale mais de l'émergence de données nouvelles et de la critique systématique des postulats métapsychologiques. Les nouvelles données ont été fournies par l'observation directe des bébés, par les recherches menées sur des patients transsexuels, par l'étude des échecs dans le traitement psychanalytique et par la cure psychanalytique de nouveaux types de patients amenant à élargir les indications de celle-ci. Elles ont conduit à un changement de paradigme, changement qui à son tour permet d'aborder de façon plus pertinente les critiques justifiées qu'ont suscitées les théories freudiennes sur la femme.

On pourrait considérer le cas de la psychologie féminine comme l'histoire d'une mise en garde. Non seulement il révèle l'impact de la partialité historique sur les postulats scientifiques mais, plus important encore, il dévoile la nature exacte de tel ou tel postulat sous-tendant les premières théories psychanalytiques. Ce cas particulier où la théorie semblait être authentifiée par des données cliniques permet de mettre au jour certains problèmes méthodologiques propres à la psychanalyse. La tentation de confondre les symboles et le sens que décrypte la psychanalyse avec la causalité du développement le montre clairement. Une telle confusion amène à considérer les accidents de parcours, les contingences historiques comme d'éternelles vérités établies de tout temps. Par voie de conséquence, le cas de la psychologie féminine nous conduit à faire une distinction systématique entre le contingent et l'universel. Il révèle l'impact des croyances et des préjugés sur le patient comme sur l'analyste. Il nous oblige à affiner nos paradigmes scientifiques. D'abord en nous rappelant la double nature inévitablement descriptive *et* normative de toute théorie psychanalytique. Ensuite en nous forçant à bien distinguer l'hypothèse de l'hypothèse soumise à épreuve.

Enfin, le cas de la psychologie féminine nous conduit à réexaminer quelques postulats sous-tendant la théorie psychanalytique. La misogynie de Freud fournit une explication trop mince de son incompréhension de la femme. L'incompréhension et la misogynie de Freud dépassent le simple préjugé culturel. Sa théorie du développement psycho-sexuel de la femme trahit un préjugé biologique qui le conduit à donner une importance démesurée aux organes génitaux et à la reproduction. Il manque ici l'armature théorique appropriée pour soutenir la compréhension des multiples facteurs qui influent sur le développement de la personnalité. Il y a quelque ironie à constater que Freud a confondu féminité victorienne et éternel féminin alors même qu'il essayait d'éviter une réduction liée au culturel.

Grâce à ses récents développements théoriques, la psychanalyse peut maintenant embrasser l'ensemble des problèmes soulevés par l'étude de la psychologie féminine. La théorie a connu d'importantes mises à jour. On révisera probablement les mises à jours elles-mêmes. On les attribuera à des éclaircies dans les scotomes du moment. Reconnaître que les jugements de valeur infiltrent la psychanalyse comme ils le font dans d'autres disciplines ne devrait pas décourager. La psychanalyse en tant que théorie et méthode est en évolution constante. C'est précisément cela qui la distingue d'une idéologie aveugle.

Le préjugé que la domination de l'homme sur la femme était universelle et transmissible de génération en génération a prévalu jusqu'aux années soixante. Les choses ont changé avec le mouvement de libération de la femme. Mais, en fait, le féminisme est beaucoup plus ancien. Benoîte Groult attribue l'invention du mot « féminisme » à un homme, Charles Marie François Fourier qui entendait délivrer les femmes de l'oppression économique, domestique et sentimentale qu'elles subissaient. Fourier écrivait ainsi dès 1808 : « Le mariage est le tombeau de la femme, le principe de toute servitude humaine. » Pour l'auteur d' *Ainsi soit-elle* et de *Féminisme au masculin*, la « bizarrerie » des conceptions de Fourier, ou de certains autres hommes comme Poulain de La Barre, Condorcet, Saint Simon ou Stuart Mill qui ont défendu avant l'heure la cause des femmes, leur a joué de mauvais tours. À leur époque, ils ont souvent été déconsidérés. On les jugeait utopistes, rêveurs et irresponsables.

La guerre des sexes

C'est en matière de sexualité que se sont produits les changements les plus radicaux des années soixante. Les féministes ont donné de la voix, protestant haut et fort. En même temps que se modifiaient les conceptions des rôles traditionnellement dévolus à l'un ou l'autre sexe, la notion de « féminité » acquérait un sens nouveau et les théories psychanalytiques sur le développement des femmes étaient révisées de façon fondamentale. Cela ne veut cependant pas dire que ces changements théoriques ont été la conséquence directe des revendications féministes dans les années soixante. En fait, la plupart des critiques dirigées contre la psychanalyse dans les années soixante-dix recoupent celles formulées par la précédente génération de féministes et d'analystes dissidents. La psychanalyse est-elle subitement devenue plus réceptive sans que les critiques aient changé ?

Les études scientifiques menées sur la sexualité féminine ont eu un impact considérable. La démonstration par Masters et Johnson en 1966 du rôle prépondérant de l'érotisme clitoridien chez la femme adulte a permis d'en finir avec l'idée de déplacement clitorido-vaginal dû, selon Freud, au sentiment d'infériorité clitoridienne de la petite fille. Il n'y a personne aujourd'hui pour soutenir que l'authentique féminité consiste à atteindre l'orgasme vaginal. D'essentiellement amoindrie, la sexualité féminine est devenue active et vigoureuse.

La sexualité féminine a été libérée de deux façons : d'abord par le savoir, ensuite par la pratique. Le fait de reconnaître que le plaisir sexuel maximal dans l'orgasme dépend d'une excitation clitoridienne adéquate et qu'il n'est pas le résultat automatique d'un coït hétérosexuel a constitué une découverte décisive. Cette meilleure connaissance de la sexualité féminine a permis à un plus grand nombre de femmes de réussir leur vie sexuelle, influant sur leurs attentes et sur leurs comportements. La sexualité a cessé d'être exclusivement focalisée sur les désirs du mâle. Elle s'est affranchie de la conception traditionnelle qui voulait que la femme soit soumise à l'homme dans l'acte sexuel. L'inhibition féminine était souvent due à la déférence et à la peur que lui inspirait le mâle. De là certains comportements fréquents chez la femme qui simulait l'orgasme, n'insistait pas pour obtenir une stimulation adéquate, considérait que l'orgasme du mâle mettait un point final à l'acte sexuel ou encore se souciait davantage du plaisir de l'autre que du sien. De nos jours encore, nombre de femmes jugées « frigides » n'ont en réalité aucun problème d'excitation ou d'orgasme : le plus souvent, elles ignorent simplement ce qui constitue une excitation appropriée ou sont retenues par une excessive timidité. Mais, dans l'ensemble, les inhibitions sexuelles se résorbent. La femme atteint à une plus grande affirmation de soi et à un plus fort sentiment d'autonomie. La libération de la femme a ouvert de nouvelles potentialités qui, bien que liées à la sexualité, dépassent ce seul domaine. L'accomplissement sexuel a indiscutablement beaucoup apporté aux femmes, non seulement la gratification proprement sexuelle mais aussi et plus largement une meilleure estime de soi. Étonnamment, nombre de psychiatres continuent de minimiser la portée de cette révolution sexuelle. Il s'agirait d'une simple modification de comportement. Les désirs et les conflits inconscients ne seraient pas modifiés en profondeur. Une telle argumentation néglige l'étroite dépendance entre la fonction physiologique de l'organe et la représentation de soi en tant qu'homme ou femme.

Les femmes, les hommes et la question du pouvoir : telle fut bien la grande préoccupation des années soixante. Était-ce parce que nous avions alors définitivement rompu avec nos traditions agraires et que nous étions, d'une certaine manière, revenus à nos origines nomades ? Les femmes travaillent. Certaines divorcent, d'autres vivent en union libre. Ces différentes pratiques rappellent les premiers temps de l'humanité. La peur de la castration et l'envie du pénis freudien seraient-elles également le « remake » moderne d'un scénario millénaire ? Est-ce depuis toujours que les hommes ont peur de l'impuissance et les femmes besoin de puissance ? Même en plein cœur de l'Amazonie, dans la tribu Mehinaku qui vit au milieu du Brésil, les hommes souffrent d'une crainte obsessionnelle de la castration. L'analyse de leurs rêves a révélé que 35 % d'entre eux craignent une mutilation de leurs parties génitales. Le chiffre est plus élevé que celui fourni par une étude identique menée aux États-Unis. Or, l'impuissance sous nos latitudes aurait deux fois sur trois une origine psychologique.

La guerre des sexes qui a éclaté au début des années soixante aux États-Unis ne serait-elle que l'expression d'un conflit millénaire ? Helen Fisher résume non sans humour l'un des nombreux débats qui agitaient alors le milieu des anthropologues : « L'Homme, seule créature qui soit devenu bipède s'était-il dressé sur ses membres inférieurs parce que notre ancêtre mâle devait porter des armes nécessaires à la chasse au gros gibier et protéger sa ou ses partenaires ou parce que notre ancêtre femelle devait assurer la cueillette des fruits et légumes [19] ? » Comme souvent dans ces années-là, chacune des interprétations proposées contenaient probablement une parcelle de vérité ! Aujourd'hui, beaucoup pensent qu'on ne doit pas confondre féminité et masculinité. C'est notamment le cas de l'anthropologue Martin

Whyte ou de l'éthnologue Franz de Waal. Lorsque des visiteurs lui ont demandé qui, des chimpanzés mâles ou femelles, détenaient le plus de pouvoir, de Waal a haussé les épaules. Tout dépend des critères retenus ! Ce sont toujours les femelles qui saluent les mâles et il n'y a pas d'exception. Mais ce sont les femelles qui, quatre fois sur cinq, prennent la nourriture au détriment des autres, ou qui s'adjugent les meilleures places.

Une telle position n'est pas très éloignée de celle d'Élisabeth Badinter qui, dans son ouvrage *XY*, rejette à la fois le risque de « la confusion sexuelle qui n'a jamais été propice à la paix entre hommes et femmes » et celui de la dominance d'un sexe. Peut-il être question d'infériorité là où il s'agit de différence ? Comme la masculinité pour l'homme, la féminité est le devenir et l'avenir de la femme. N'oublions pas qu'il y a deux façons de prôner l'égalité, par l'universalisme et par le différentialisme. Ces deux attitudes se réclament l'une et l'autre des droits de l'homme.

BOULOT, MARMOTS, DODO

En dépit des progrès accomplis depuis trente ans, les inégalités subsistent. Les représentations sociales ont la vie dure. Les sociologues le vérifient aisément. À la question « Si vous pouviez choisir, préféreriez-vous avoir une fille ou un garçon ? », 37 % des Français d'aujourd'hui, hommes et femmes, optent pour le petit garçon et seulement 27 % pour la petite fille. Mais soyons justes : 72 % d'entre eux refusent l'idée de recourir à un mode de sélection.

L'égalité des droits n'est toujours pas acquise. Si la population féminine représente 53 % de l'électorat et 43 % de la population active, si elle contribue pour 40 % au revenu des ménages, la majorité des femmes n'occupent encore que des strapontins dans la société. Faible consolation, leur espérance de vie est bien supérieure à celle des hommes.

Le partage des tâches est encore loin d'être satisfaisant. Si, aujourd'hui, 77 % des femmes entre vingt-cinq et quarante-neuf ans exercent une activité professionnelle en dehors de leur domicile, c'est encore à elles que revient majoritairement la gestion de l'entreprise domestique et familiale.

Mais le principal défi auquel la population féminine doit actuellement faire face est certainement le chômage. Il touche 12,9 % d'entre elles contre 8,6 % des hommes. De façon plus générale, la situation professionnelle des femmes est précaire : insécurité de l'emploi, travail à mi-temps ou travail temporaire. L'égalité, en termes d'opportunités, ou de salaires, est encore loin d'être une réalité. Un exemple ? Le corps enseignant. S'il est vrai que l'égalité de salaire entre instituteurs et institutrices date de 1919, dans la France de 1995 seulement 25 % des enseignants occupant une chaire supérieure sont des femmes. Lorsque je l'oublie, sans doute comme tous les hommes, ma femme et mes filles s'empressent de me le rappeler. Ceci n'expliquerait-il pas le nombre plus important, quel que soit le niveau d'études, de dépression ou de cas d'anxiété pathologique dans la population féminine ?

Le sexisme ne passera pas

Le mouvement du « politiquement correct » a relancé le débat aux États-Unis. Vu d'Europe, il prend parfois un tour surprenant. Dans le journal de l'Association médicale américaine du 25 octobre 1994, des femmes médecins et des étudiantes en médecine ont rapporté les résultats d'une étude qu'elles avaient menée : sur les 1 777 illustrations figurant dans les livres d'anatomie utilisées en médecine, 44,3 % montraient l'anatomie masculine et seulement 21,2 % l'anatomie féminine. La conclusion de l'étude était l'inévitable « méconnaissance de l'anatomie féminine normale ». Estimant qu'une telle mesure pourrait contribuer à l'amélioration de la santé des femmes et à l'augmentation des recherches consacrées à la question, les auteurs réclamaient l'égalité des représentations anatomiques.

Plusieurs autres exemples du même type pourraient être donnés de ce phénomène bien américain qui paraîtrait, aux yeux d'un observateur européen, quelque peu outrancier. Il n'empêche. Selon le Rapport mondial sur le développement humain présenté par les Nations Unies en 1995 : « l'égalité des chances entre hommes et femmes ne se rencontre dans aucune société actuelle ». Le rapport qui se fonde sur une étude menée dans cent soixante-quatorze pays ajoute : « Il semble que la décision de rechercher l'égalité des sexes ne dépende ni du niveau de revenu, ni des idéologies politiques, ni de la culture, ni enfin du stade de développement. » Il y a pourtant assurément bien plus à faire pour le statut de la petite fille et de la femme ailleurs qu'aux États-Unis ou dans notre vieille Europe. Amin Maalouf cite ce slogan publicitaire qui encourage ouvertement les femmes en Inde à se faire avorter : « Dépensez 500 roupies maintenant, vous économiserez 500 000 roupies plus tard au moment de la dot... »

En Occident, le combat féministe pourrait bien néanmoins avoir eu quelques conséquences négatives. En dix ans, la proportion de femmes parmi la population alcoolique est passée de de 20 à 30 %. Certains propos ont indirectement conforté la thèse machiste de l'infériorité naturelle de la femme par rapport à l'homme : sinon pourquoi voudrait-elle tant lui ressembler ? En France est née la génération Twingo, du nom de cette automobile dessinée et conçue « pour » et « à cause » des femmes. Assistons-nous à une féminisation des mœurs [20] ? Les voitures quittent donc leur forme phallique pour les rondeurs utérines. Plus graves, les accusations incessamment répétées contre l'homme d'aujourd'hui, si mou, si lâche et tellement irresponsable ! Certains en sont à se demander ce qu'est « un homme bien ». Incontestablement, l'idéal masculin est devenu le produit d'un savant équilibre, bien difficile à saisir. Dans nombre de domaines, la volonté d'affirmer une égalité de groupe, une justice « égalitaire », au détriment du singulier a échoué. C'est pour certains la conséquence d'une inégalité foncière dans un cadre d'égalité juridique générale. Comme dans *Le Monde selon Garp*, le célèbre roman de John Irving, où le héros, fils d'une féministe, meurt tué par une admiratrice de sa mère, l'affrontement entre les sexes laisse apparaître de nombreux paradoxes.

Du débat social à l'intimité privée

Les débats évoluent avec la société. De nos jours, l'admiration ne va plus aux nations ou aux individus qui exercent une domination ou imposent des humiliations. Sont estimés et félicités ceux qui encouragent, écoutent, rassurent. Cela ne veut pas dire qu'il n'y ait plus de bastions à prendre. L'égalité sociale reste à conquérir. Mais le féminisme s'est transformé depuis les années soixante. Certaines institutions ont pris le relais : ainsi le parlement européen possède une commission des droits de la femme à laquelle il est possible d'adresser ses requêtes. Garde des enfants, égalité des chances, harcèlement sexuel ou, tout récemment, viol des femmes dans l'ex-Yougoslavie, le travail ne manque pas.

Mais l'affrontement des deux sexes a fini par nous faire redouter les « mâles mous », qui ne savent pas affirmer leur volonté, et les « femmes métalliques » à la virilité provocante. Aujourd'hui, est-il toujours aussi impératif de protéger son Moi des risques d'une souffrance venue de l'autre ?

La quête d'une identité intime est venue se substituer à la guerre des sexes. C'est sans doute le fait le plus marquant de ces dernières années. La revendication féministe d'égalité absolue refusant toute mise en scène du corps de la femme est dépassée. Pour les néo-féministes, le corps, la beauté plastique, l'expression corporelle sont redevenus des valeurs positives. Cette valorisation du corps féminin a profité aux hommes dont l'anatomie est désormais davantage mise en avant.

Est-ce la conséquence d'une overdose d'unisexe ? L'épanouissement personnel est revendiqué avec la même force par les hommes et les femmes. Les vieux affrontements des années soixante n'ont plus guère de sens actuellement. Certains soutiennent même que les hommes d'aujourd'hui se retrouvent dans la situation des femmes il y a trente ans. On leur demanderait d'être forts et bien virils, d'occuper une position dans le monde du travail mais aussi de s'occuper de leurs enfants et de refuser de s'engager dans une quelconque voie les menant à supplanter les femmes. Est-ce vraiment réaliste ?

Quoi qu'il en soit, c'est dans la vie privée que le débat est maintenant porté, plus précisément dans l'intimité des relations humaines, qu'elles soient amicales, amoureuses, conjugales, parentales ou professionnelles. Le risque est que les femmes, en parvenant peu à peu à la parité dans la vie publique, perdent du terrain dans la vie privée.

CHAPITRE V

Science et croyances

« L'homme est une machine si compliquée que parfois on y comprend rien, surtout si cet homme est une femme. »

FEDOR DOSTOÏEVSKI

Les garçons tombent de vélo deux fois plus souvent que les filles. Pourquoi ? Parce qu'ils regardent trop les filles, diront certains. Parce qu'ils sont plus maladroits ou plus agressifs, diront d'autres. À moins que ce ne soit leur goût du risque et leur désir de parader qui les amènent à rechercher les situations inhabituelles ou périlleuses. Ils seraient ainsi plus nombreux à n'utiliser que la roue arrière de leur bicyclette !

Si certaines différences physiques entre les deux sexes sont visibles et universelles, toutes les différences psychologiques ne le sont pas. D'où certains mythes et certaines croyances qui se nourrissent des incertitudes en ce domaine. Les idées reçues ont la vie dure. Parmi elles, il en est qui sont de nos jours dépourvues de tout fondement. D'autres, en revanche, pourraient bien être vraies, ou fausses d'ailleurs ! D'autres, enfin, semblent aujourd'hui correspondre à des vérités scientifiquement établies.

Nous nous limiterons dans ce chapitre à deux des

trois grandes divisions de la psychologie : le comportement social et l'acquisition des connaissances intellectuelles. Ces deux domaines peuvent nous intéresser même si nous avons décidé de privilégier dans cet ouvrage la question des émotions, troisième grand volet de la psychologie.

Rappelons enfin, avant de nous lancer dans notre tour d'horizon, qu'il ne peut s'agir ici que de tendances statistiques. Il existe certes des comportements spécifiques liés au sexe. Mais évidemment, là encore, l'âge, la culture, la situation ou les partenaires en présence entrent en compte. Il est quasiment impossible de figer en quelques phrases cette réalité toujours mouvante qu'est un homme ou une femme. Les lignes qui vont suivre doivent être lues avec le recul et l'humour que tout chercheur en sciences humaines devrait toujours montrer.

Les idées fausses

Les femmes sont plus influençables que les hommes

Qu'est-ce que la suggestibilité ? Le terme n'est pas aisé à définir. Est-ce la tendance à imiter ? En ce cas, garçons et filles sont tout autant capables d'imiter un proche. Est-ce le respect des propos tenus par autrui dans la conduite de ses propres actions ? Si oui, il est clair que lorsqu'elles sont enfants les filles suivent plus volontiers l'avis d'un adulte et les garçons celui de garçons du même âge. Autrement dit, les filles sont généralement plus obéissantes à la maison ou à l'école mais plus indépendantes vis-à-vis de leurs petites camarades. En revanche, un enfant, quel que soit son sexe, obéira plus volontiers à la mère d'un(e) de ses ami(e)s qu'à sa propre mère.

Mais la suggestibilité peut également se mesurer à la plus ou moins grande difficulté éprouvée à résister à une tentation. Les études faites sur le sujet n'ont montré aucune différence notable, sauf parmi les très jeunes enfants. À cet âge, les petites filles écouteraient davantage l'adulte qui leur demande de ne pas toucher l'objet qui les attire.

À l'âge adulte, les deux sexes semblent soumis de manière identique au pouvoir de suggestion. Certaines études [1] ont bien montré que les femmes paraissaient plus influençables mais les hommes, contrairement à ce qu'ils croient souvent, sont plus sensibles aux influences sociales.

La suggestibilité dépend du pouvoir de persuasion de l'interlocuteur, qu'il s'agisse de rapports professionnels ou de relations personnelles. À ce niveau, hommes et femmes sont pareillement capables d'exercer un pouvoir de persuasion sur autrui. À l'âge adulte, l'influence que chacun peut exercer dépend principalement de trois facteurs : l'intérêt que le sujet trouve dans la relation, la liberté qu'il a de rompre s'il n'en est pas satisfait et l'estime qu'il a de lui-même. Sur ce dernier point, faisant évidemment abstraction des parcours personnels indépendants du sexe de chacun, l'estime de soi ne différencie pas les hommes des femmes. Mais nous ne serons pas étonnés que les femmes soient plus sûres de leurs « compétences sociales » et que les hommes sentent davantage leur force, leur puissance, leur pouvoir de domination.

Les hommes sont moins sociables que les femmes

Les filles se réunissent plus volontiers à deux ou en petit comité; elles partagent leurs confidences, leurs émotions. Les garçons s'intègrent plus facilement dans de larges groupes, composés ou non de personnes de leur âge. Comme le dit E. Maccoby, ils fonctionnent volontiers « en essaim ». Les amitiés masculines sont largement fondées sur des intérêts communs, les amitiés féminines sur des sentiments communs.

Une mère vint un jour me consulter à propos de son fils. Âgé de seize ans, ce dernier s'amusait au lieu de travailler. Il passait son temps avec ses amis, qu'il invitait à la maison. D'une fois sur l'autre, la mère n'en reconnaissait aucun. C'étaient toujours de nouvelles têtes et de nouveaux prénoms. Apparemment, le garçon ne souffrait pas de cette instabilité affective. La mère, en revanche, s'en étonnait et s'en s'inquiétait. Était-il bien normal de changer si souvent d'amis ? Elle en avait discuté avec sa fille qui avait également jugé que son frère avait « trop d'amis ». Après m'avoir expliqué en détail ces différents éléments, la mère me dit brusquement : « En fait, c'est tout son père. » Et je répliquai tout aussi spontanément : « Et votre fille, c'est tout vous ? ». Elle acquiesça sans la moindre hésitation et avec un sourire. J'ajoutai alors que pour une bonne part le comportement de son fils était parfaitement normal. « Regardez ou rappelez-vous ce qui se passe dans une cour de récréation, lui dis-je, les garçons jouent à plusieurs, ils vont en groupe, cherchent tout le temps de nouveaux camarades, en changent sans difficulté. Les filles vont plus volontiers par deux ou par trois ; elles conserveront leurs amies tout au long de l'année : leur amitié est plus stable, plus intime et sans doute plus profonde. » Pour cette jeune mère qui avait été enseignante, ces repères étaient « parlants ». Elle fut incontestablement rassurée sur le comportement de son fils qu'elle jugeait jusque-là « trop sociable ». Elle finit même par m'avouer qu'elle préférait qu'il se comporte comme « un vrai garçon » !

Ces différences de sociabilité s'observent également en cas de conflits ou de séparations. Les filles vivent plus intensément leurs ruptures avec leurs amies. Et, surtout, elles expriment plus fortement les émotions qu'elles ressentent dans ces moments de crise. Est-ce parce qu'ils se sont moins investis que les garçons paraissent moins affectés ? Ces différences ne disparaîtront jamais complètement mais elles s'atténueront avec l'âge.

L'égoïsme au masculin

Une étude de B. B. Whiting[2] portant sur des enfants de trois à onze ans appartenant à six cultures différentes a permis d'observer la fréquence avec laquelle les garçons et filles offraient leur jouet, leur goûter ou prenaient part à un travail dans lequel un autre enfant était déjà engagé. Le même chercheur s'est également intéressé au soutien affectif qui était fourni par ces jeunes enfants : encouragements, aide physique, réconfort, réassurance ou consolations. Résultats ? Entre trois et six ans, les filles manifestent davantage de sollicitude mais cette tendance varie suivant l'origine culturelle et la différence entre les deux sexes n'est de toute façon pas significative. En revanche, entre sept et onze ans, les filles se détachent et montrent une plus grande capacité à s'intéresser à autrui. Toutes cultures confondues, elles offrent en particulier un plus fort soutien émotionnel. Bien d'autres recherches ont été faites sur le sujet. Leurs résultats concordent. Enfants, les filles sont plus promptes à proposer leur aide, en particulier à fournir un appui affectif.

À l'âge adulte, les hommes se rattrapent, dépassant même dans certains cas leurs compagnes. Il est vrai que les femmes hésitent davantage, par prudence sans doute, à apporter leur secours à quelqu'un qu'elles ne connaissent pas, surtout s'il s'agit d'un homme. L'altruisme n'est l'apanage d'aucun sexe. Certaines formes de générosité, tel le don ou la charité, différencient de nos jours nettement plus les générations que les sexes. Dans l'ensemble, les jeunes d'aujourd'hui se montre plus généreux que les adultes des générations précédentes.

La passivité au féminin

Le mythe de la femme dévouée ou de la secrétaire effacée n'a pas même épargné les spécialistes de l'âme humaine. Hélène Deutsch, l'une des premières disciples de Freud, écrivait ainsi en 1944 : « Les vraies femmes sont d'idéales collaboratrices pour les hommes et trouvent en ce rôle leur plus grand bonheur. Même si elles sont richement douées, elles sont toujours prêtes à abandonner leur propre réalisation sans éprouver le sentiment d'un sacrifice quelconque [...] car la passivité est l'attribut majeur de la féminité. »

De la passivité à la résignation, le pas est aisément franchi. André Gide écrit : « Les plus belles figures de femme que j'ai connues sont résignées ; et je n'imagine même pas que ne puisse me plaire et n'éveiller en moi quelques pointes d'hostilité le consentement d'une femme dont le bonheur ne comporterait pas un peu de résignation. » Madame de Staël, elle, préférait évoquer la nécessaire soumission de la femme, distinguant nettement le comportement attendu de l'un et l'autre sexe : « Un homme doit savoir braver l'opinion ; une femme s'y soumettre. »

Mais que recouvre exactement cette affirmation qui toujours charge la femme d'une plus grande passivité ? Tantôt le terme semble renvoyer à l'aisance corporelle et à la fréquence des mouvements physiques. Tantôt c'est la sexualité féminine qui est en cause : la femme est réceptive, l'homme intrusif ; l'homme est celui qui agit, la femme celle qui subit. Le viol et le harcèlement ne sont-ils pas des comportements spécifiquement masculins ? Pourtant, même en ce domaine, les rôles s'inversent parfois. Le phénomène est nouveau ou du moins son expression et sa reconnaissance publique.

En vérité, la passivité féminine est trop souvent confondue avec la discrétion ou le retrait. Ces formes atténuées de comportement ne permettent pas de conclure à une passivité fondamentale. Certes l'homme est le plus souvent à l'origine d'une interaction entre les deux sexes, du moins si l'on se fie aux apparences. Mais la femme répond, et répondre n'est pas une conduite passive.

L'agressivité est un trait de comportement plus masculin que féminin. Une femme préfère esquiver les attaques plutôt que de riposter brutalement et violemment. Elle est aussi moins souvent que l'homme à l'origine d'un affrontement. En est-elle pour autant plus passive ? Rien ne le prouve. Ses modalités d'interaction « agressive » ou de fuite face aux dangers sont simplement différentes. La discussion, l'attente, l'écoute ne sont que l'apparence de la passivité. Si l'on observe avec attention les résultats concrets de ce type d'attitudes, elles semblent très souvent même se révéler particulièrement actives. Une fois encore, ce sont les moyens d'expression choisis qui distinguent les sexes, non les tendances profondes. La femme n'est pas moins active que l'homme. C'est autrement, par des conduites plus détournées, qu'elle s'affirme.

Les questions ouvertes

L'envie de dominer, apanage des hommes ?

Sri Lanka, Bangladesh, Pakistan, Turquie, Nicaragua, Dominique, Norvège, Islande et Irlande. En 1995, il n'y a que neuf pays au monde dont le chef d'État soit une femme. L'Organisation des Nations Unies ne compte que six ambassadeurs femmes sur un total de cent quatre-vingt-quatre. Problème culturel ou relative indifférence des femmes face au pouvoir ?

Le « macho » qui vante ses prouesses physiques, souligne ses innombrables conquêtes amoureuses, se répand en propos sexistes est l'une des incontournables figures du débat masculin/féminin. Comme tout le monde, j'en ai rencontré. Certains étaient tout bonnement fiers de ce qu'ils étaient, d'autres révélaient finalement une psychologie plus complexe et plus humoristique. Aujourd'hui, même les études de santé semblent indirectement condamner le comportement de cette figure archétypique du mâle. L'Observatoire régional de la santé Provence-Côte d'azur a constaté une surmortalité masculine s'observant à tous les âges de la vie mais plus particulièrement entre quinze et trente-quatre ans où le risque devient alors trois fois plus élevé. Selon les chercheurs, cet état de fait serait lié à l'esprit « machiste » d'une partie de cette population latine. Les recherches expérimentales ou les observations en « milieu naturel » ne permettent pas véritablement de dire si globalement un sexe cherche plus à dominer que l'autre. Il est vrai pourtant que les garçons, même très jeunes, ont déjà un comportement qui laisse soupçonner une plus forte envie de domination.

En vérité, les différences viennent surtout des stratégies employées par l'un et l'autre sexe. Un enfant qui avertit un autre enfant plus jeune de se tenir éloigné du feu exerce une forme de domination. Mais son comportement est qualitativement tout à fait différent de celui d'un enfant voulant envoyer à sa place un autre enfant faire la commission dont il était personnellement chargé. Deux chercheurs ont montré que les filles tenaient davantage compte de certaines valeurs sociales ou du bien-être de la personne. Les garçons montraient une envie de dominer dans un but nettement plus égoïste. Cette étude réalisée dans six types différents de société ne montrait aucune différence culturelle notable [3].

Beaucoup de travaux sur l'envie de dominer chez l'adolescent et chez l'adulte ont traité du problème du *leadership*. Toutes les études aboutissent à la même conclusion : dans les couples « réussis » et de nombreux groupes mixtes, l'homme est apparemment le *leader* dans les phases initiales de l'interaction puis, au fur et à mesure que la relation se poursuit, le rapport s'égalise ou s'inverse carrément.

L'esprit de compétition est-il masculin ?

Aucun doute, les hommes sont plus intéressés par les compétitions que les femmes même s'il existe des femmes très sportives, de vraies gagneuses. À l'école, filles et garçons sont pourtant à égalité, mais il est vrai qu'en ce domaine il s'agit moins d'« abattre » l'adversaire que de rivaliser avec soi-même et de progresser. Plus tard, en revanche, les hommes laissent apparaître dans leurs activités quotidiennes un véritable esprit de compétition, se mettant fréquemment en situation de rivalité ouverte. Ils rivaliseront dans leur travail, se battront pour obtenir une promotion ou arracher un contrat commercial, lutteront pour l'emporter dans les relations sociales. Et les femmes, me direz-vous ? Elles font de même. Seulement elles sont plus discrètes.

Les différences entre les deux sexes se manifestent surtout chez les jeunes enfants. Ce sont notamment les garçons entre eux qui montrent le plus cet esprit de compétition. Les recherches ont prouvé qu'en ce domaine le comportement masculin changeait à cet âge suivant le sexe de la personne en présence. Prenons l'exemple rapporté par E. Maccoby et C. Jacklin [4]. L'étude citée entendait comparer le comportement de paires d'enfants âgés de quatre à cinq ans, jouant à un jeu de billes sur table, appelé le *Madsen marble-pull game.* Pour gagner à ce jeu, la coopération est plus utile que la compétition, les deux partenaires devant tour à tour faire tomber la bille dans un trou qui lui est propre. Si tous tirent en même temps la table, chacun de son côté, la bille tombe inévitablement dans la rigole prévue à cet effet et c'est perdu. On rappelait aux enfants que le but du jeu était pour chacun d'eux de réussir à mettre le plus de billes dans le trou adéquat. Comment se sont donc comportés les couples garçon-garçon, fille-fille ou garçon-fille ? Les paires masculines ont récupéré peu de billes, chaque joueur semblant surtout vouloir éviter que son coéquipier ne gagne ! Les paires féminines sont au contraire parvenues rapidement à trouver la bonne stratégie. Pour les paires mixtes, les expérimentateurs s'attendaient à ce que les garçons cherchent à mener le jeu et que les filles laissent faire. Rien de tel ne s'est produit. À mesure que le jeu avançait, les filles devenaient plus « compétitives », les garçons plus « coopératifs » que lorsqu'ils jouaient avec un autre enfant du même sexe !

Cet exemple confirme les vertus d'une éducation qui, dès le plus jeune âge, associerait filles et garçons autour de jeux ou d'activités en commun, les préparant non seulement à leur vie future dans une société heureusement de plus en plus égalitaire, mais aussi à un élargissement de leurs compétences propres grâce à la rencontre de l'autre sexe. Le bien-fondé de « l'accordage affectif » entre garçon et fille était ici incontestable.

Les études portant sur les comportements coopératifs et compétitifs avec des sujets d'âge varié n'ont pas donné de résultats probants. La moitié de ces études ne trouvait aucune différence entre les sexes, l'autre moitié montrait généralement les garçons un peu plus compétitifs avec toutefois des variations selon le contexte culturel. On peut donc conclure que l'esprit de compétition est sans doute plus fort quand il s'agit d'une situation réunissant deux ou plusieurs hommes, mais qu'il n'est pas pour autant réservé aux hommes.

En fait, l'esprit de compétition peut répondre à des motivations bien différentes. S'agit-il d'établir un nouveau record, de se comparer à autrui ou de se mesurer avec soi-même ? De chercher à mettre l'autre en difficulté, parfois à tout prix, ou bien de décharger son agressivité ? Ou encore de vaincre pour plaire ? Il peut s'agir de tout cela, de rivalité avec soi-même ou avec autrui, de confrontation avec celui ou celle que l'on admire, d'un réel désir d'humilier ou d'une franche envie de séduire. L'esprit de compétition peut également dépendre du gain attendu. Enfin, les stratégies de réussite elles-mêmes peuvent changer et laisser voir plus ou moins clairement le désir bien réel d'émulation. Autrement dit, l'agressivité manifeste n'est pas l'unique moyen pour réussir. On comprend mieux que les hommes paraissent davantage animés par l'esprit de rivalité alors que, dans les faits, rien n'a été prouvé. Nombre d'études ont conclu à une absence de différence significative entre les sexes, surtout à partir de l'âge adulte, et parfois même à un plus grand esprit de compétition chez les femmes mises dans certaines situations. La compétition est davantage dans le regard de l'autre que dans le comportement apparent du « lutteur ». Un petit oiseau noir à queue blanche, l'*Oenanthe Leucura*, originaire du sud-ouest de l'Europe, peut transporter à la saison des amours jusqu'à dix kilos de pierres, uniquement pour impressionner la femelle de ses rêves ! Un exploit pour ce volatile de tout juste quarante grammes !

Et la jalousie féminine ?

La fidélité demeure une valeur sûre pour 89 % des hommes et 90 % des femmes [5]. La jalousie serait-elle alors, comme l'a écrit Shakespeare dans *Othello*, « ce monstre né de lui-même et qui s'engendre lui-même » ? N'est-elle pas plutôt une émotion équitablement partagée entre les hommes et les femmes mais pouvant avoir selon le sexe concerné des caractéristiques différentes ?

D'après une étude américaine, les hommes jaloux seraient surtout sensibles aux infidélités sexuelles de leur partenaire, les femmes aux infidélités affectives. Si la jalousie des hommes était justifiée, cela contredirait ce que Schopenhauer résumait sommairement par cette formule : « Par nature, l'homme incline à l'inconstance en amour, la femme à la constance. » Pourtant, selon un sondage récent, 22 % des Françaises avouent « rêver » d'être infidèles et 25 % des femmes mariées ont déjà eu un amant régulier. Il y a même des femmes dont l'infidélité est le seul lien qui les attachent encore à leur mari ! La jalousie masculine n'est donc peut-être pas totalement injustifiée. Et la jalousie féminine ? Selon le même sondage, 36 % des femmes interrogées pensent que la fidélité dans un couple, c'est d'abord la franchise. Serait-ce parce qu'elles jugent préférable d'avouer leurs aventures extra-conjugales et qu'elles sont davantage attachées à la fidélité affective qu'à la fidélité sexuelle ? Tout cela confirmerait alors l'étude américaine précédemment citée. Personnellement, je ne suis pourtant pas convaincu que les différences entre les sexes soient aussi marquées et que la phrase de Tristan Bernard : « Les femmes sont toujours sincères, seulement leur sincérité change » corresponde parfaitement à la réalité.

L'homme vit dans un univers social hiérarchisé où l'autre est perçu soit comme un partenaire, soit comme un adversaire. Souvenir des jeux d'enfance dans la cour de récréation ? La jalousie masculine est « hiérarchique ». On a remarqué que les hommes jaloux avaient souvent souffert de timidité lorsqu'ils étaient enfants. Petits, ils imitaient et suivaient leurs camarades, admiraient les fortes têtes et les vrais durs, et rêvaient secrètement d'acquérir eux-mêmes ce statut envié de chef. La jalousie qu'ils éprouveront une fois adultes portera moins sur la femme – même si consciemment c'est ainsi qu'elle est perçue et qu'elle se manifeste – que sur le rival masculin. Au fond, ce qu'ils souhaiteraient, c'est être à la place de leur propre rival !

La jalousie des femmes est parfois semblable. De là le bon mot de Sacha Guitry : « Lorsque je dis à une femme qu'elle est une des dix plus jolies personnes de Paris, elle a l'air aussitôt de chercher les neuf autres pour les gifler. » Mais, plus souvent, elle est d'un autre ordre. C'est son intimité, son espace privé que la femme cherche à protéger. Elle ne supportera pas de devoir le partager ou pis encore de le perdre.

Observons ce qui se passe chez ceux souffrant d'une jalousie excessive. Ces « paranoïaques » sont le plus souvent des hommes qui, persuadés d'avoir raison sur tout, en viennent à douter de tout le monde. La jalousie qui les possède littéralement, le plus souvent sans raison objective, traduit au fond un sentiment de menace constante pesant sur un Moi en proie à la mégalomanie. La conception typiquement masculine d'un ordre social hiérarchisé trouve ici sa plus forte expression. Mais ces « paranos » sont en vérité de grands déprimés. Et c'est là que nous pouvons mesurer tout le poids de nos « cultures affectives ». Plus sensibles aux émotions qu'elles ressentent, plus promptes à les manifester, les femmes risquent davantage la dépression ; c'est en revanche la paranoïa qui guette les sujets masculins, si désireux de s'affirmer socialement, surtout dans leur moment d'extrême fragilité.

La fierté a-t-elle un sexe ?

J'ai dans mon métier entendu les femmes formuler toutes sortes de griefs contre l'autre sexe, mais aucun reproche ne revient si souvent que l'excessive fierté des hommes. À l'évidence, leur acharnement à prouver leur vaillance sexuelle, leur compréhension plus rationnelle d'un problème ou, plus banalement, leur qualité au volant et leur sens de l'orientation agacent. Étrangement, c'est lorsqu'un homme se sent en difficulté que ce trait se renforce dans son comportement. Chacun accepte les conseils, personne n'aime les ordres. Combien de disputes, combien de ruptures provoquées par de ridicules susceptibilités dont la fonction défensive échappe naturellement aux femmes qui en font les frais mais aussi aux hommes qui les manifestent. Orgueil, vanité, prétention, voilà les attributs que les femmes jugent insupportables chez leur compagnon. Au mieux, elles en rient entre elles : « Très important : laisse-lui croire que c'est lui qui mène la barque. » Au pis, elles en souffrent tant et si bien qu'elles décident un jour de plus en souffrir ! Mais la crainte du ridicule est l'émotion la mieux partagée au monde. Les femmes connaissent tout autant ce sentiment que les hommes mais elles réagissent autrement, préférant se taire plutôt que risquer d'être interrompues et de se sentir en quelque sorte mutilées. Le sentiment est le même, la preuve en est que par fierté les hommes réagissent parfois de même.

La fierté n'a pas de sexe. D'ailleurs, plus elle est excessive, autrement dit défensive, et plus elle se partage équitablement entre les deux sexes. Plus elle les oppose aussi. C'est cette émotion qui représente pour moi le principal obstacle à cette « nouvelle conversation » entre les sexes que je préconise. C'est même elle qui pourrait servir à définir négativement ce type de communication que j'appelle de mes vœux et qui se caractériserait par la reconnaissance et le rejet du sentiment de fierté lorsqu'il surgit. Comment expliquer la fréquence et l'intensité de cette excessive fierté ? Ce n'est pas un hasard si elle survient lorsque le sujet, homme ou femme, se sent fragilisé ou attaqué. Freud y voyait une défense contre l'angoisse de castration mais aussi le signe qu'un individu sentait son identité de sujet, c'est-à-dire ses assises narcissiques, menacée. Cette seconde proposition me paraît plus juste. Sinon, comment comprendre que les deux sexes soient concernés ?

L'amour de soi est un sentiment dont ni les hommes ni les femmes ne peuvent faire l'économie. Chacun, quel que soit son sexe, doit pouvoir éprouver à son propre endroit un sentiment d'amour, évidemment mesuré. Cette assise narcissique est indispensable aux hommes comme aux femmes et les « mécanismes psychologiques de défense » employés par un être humain qui se sent agressé ou pris d'angoisse sont également communs aux deux sexes. L'excessive fierté est justement l'un de ces modes de protection. Le sujet campe sur ses positions ; il devient, plus ou moins à son insu, rigide et de mauvaise foi. Poussée à son terme, la fierté se change en paranoïa qui se caractérise par l'affirmation excessive de soi-même, la conviction souvent erronée de la justesse de ses arguments et de son bon droit. À l'origine d'une telle attitude, se trouve un puissant mécanisme de défense psychologique : la projection, c'est-à-dire l'attribution à autrui de ses propres faiblesses et de ses propres imperfections. Quelqu'un essaie-t-il d'être drôle ? Il est irrévérencieux. Il tâche de se montrer conciliant ? On le trouve hypocrite. Qu'il s'affirme et le voilà agressif. Il arrive parfois qu'entre un homme et une femme les réactions affectives en viennent à de telles extrémités. L'égalité est parfaite en ce domaine, aucun des deux sexes n'est à l'abri.

Le bon sens est-il la chose du monde la mieux partagée ?

Horace Walpole combattait farouchement les « salons » féminins du XVIIe siècle jusqu'au jour où il découvrit la maîtresse de l'un de ces lieux tant honnis. De cette femme, il écrivit : « Je n'ai jamais vu personne en mon temps qui perçoive aussi vite vos défauts, vos vanités et vos abus, qui vous les explique de façon aussi claire et vous persuade aussi facilement. Je n'ai jamais aimé les remontrances avant... de faire d'elle mon confesseur et mon directeur de conscience. La prochaine fois que je la verrai, je crois que je dirai : « Prends place, ô Bon Sens [6]... » Le bon sens ne serait-il donc pas la chose la mieux partagée du monde ?

Nombre d'hommes croient profondément au bon sens des femmes. Cela est si vrai que chaque fois qu'ils peuvent, enfin, le prendre en défaut, ils triomphent.

Certains penseront que la maternité et l'enfantement inscrivent le corps et ses fonctions dans l'esprit, portant les faits de nature et donc le nécessaire bon sens au registre des femmes. Est-ce à dire que les hommes en sont dépourvus ? Ils s'en défendront sûrement et ils auront sans doute raison. Globalement, les études portant sur le raisonnement logique et les modes de pensée déductif et inductif – stratégies intellectuelles à l'origine de ce que l'on appelle communément le bon sens – n'ont montré aucune différence selon le sexe.

Quel sexe est le plus machiavélique ?

L'envie de dominer prend parfois pour se satisfaire des chemins détournés. Elle peut alors être qualifiée de machiavélique, du nom du célèbre philosophe florentin. Un sujet peut se montrer coopératif et soumis pour finalement obtenir ce qu'il désire. Il aura dominé l'autre par un moyen détourné. Plusieurs études qui remontent aux années soixante-dix ont été consacrées à cette question. Elles prouvent généralement qu'à l'âge adulte les hommes se montrent plus machiavéliques que les femmes.

Les psychologues américains ont même inventé un test, « The Mach Scale », qui permet de mesurer le degré de manipulation que manifeste le comportement d'un sujet dans des relations interpersonnelles : obtient un score élevé au test celui dont la stratégie de marchandage mène au succès. Parmi les adultes, les hommes obtenaient de meilleurs résultats. Voilà qui fera taire un certains nombres de misogynes.

Mais ce même test adapté à l'enfant ne permet pas d'observer de différence entre les garçons et les filles. On constate simplement de fortes variations selon les enfants, quel que soit leur sexe. En revanche, filles et garçons n'usent pas des mêmes tactiques.

Pour convaincre un autre enfant de manger le biscuit le moins appétissant de l'assiette, les garçons recourent à des stratégies plus directes : soit ils cherchent à convaincre leur camarade par la menace déguisée, soit ils mentent effrontément. Les filles, moins directes, omettent surtout de dire la vérité. Contrairement à une idée reçue, le machiavélisme n'est pas typiquement féminin. Il varie suivant la personnalité de chacun plus que selon l'appartenance à l'un ou l'autre sexe.

Et quel sexe le plus diplomate ?

Là encore les apparences sociales peuvent être trompeuses. Certes, le monde de la diplomatie, au sens strict du terme, n'est pas particulièrement féminin. On a commencé à voir ces dernières années des femmes ministres. Les Affaires sociales, la Santé, les Sports ou encore la Condition féminine ont échu à des femmes, mais aucune n'a encore été ministre des Affaires étrangères. La diplomatie serait-elle une affaire d'hommes ? Les femmes d'ambassadeur n'auraient-elles qu'un rôle de représentation à tenir ? On accuse souvent les femmes – est-ce pour justifier cet état de fait ? – d'avoir des réactions trop passionnelles les amenant à aimer ou à ne pas aimer avec la même force et le même entêtement, ou les conduisant à manquer des indispensables nuances. Ce point de vue n'est pas récent. François Fénelon dans son traité, *De l'Éducation des filles*, écrivait en 1687 : « Les filles se passionnent sur les choses même les plus indifférentes ; elles ne sauraient voir deux personnes qui sont mal ensemble sans prendre parti dans leur cœur pour l'une contre l'autre ; elles sont toutes pleines d'affection ou d'aversion sans fondement. Elles n'aperçoivent aucun défaut dans ceux qu'elles estiment, ni aucune bonne qualité dans ceux qu'elles méprisent. »

Comment expliquer alors que les femmes soient souvent de remarquables négociatrices, qu'elles se chargent de gérer les conflits familiaux, en particulier entre les enfants et leur père et que, sans elles, beaucoup de crises familiales tournent au drame ? Cette qualité n'est pas seulement due à l'éloquence féminine. Elle s'explique pour une part par la propension qu'ont les femmes à rechercher le maintien d'une relation étroite et approfondie.

Qui aime le plus l'argent ?

« Elle est très belle... vue de dot. » Cette phrase d'Alexandre Breffort nous rappelle en quels termes les relations entre hommes et femmes pouvaient être évoquées au Moyen Âge. Les choses ont incontestablement changé depuis et les jeunes générations semblent réellement affranchies de ce type de contraintes. L'expansion économique de ces trente dernières années n'y est sans doute pas étrangère. Reviendrons-nous à ces préoccupations si la crise se poursuit ? La question reste ouverte. Mais là n'est pas notre propos. La relation à l'argent dépend-elle du sexe ? Sûrement, si l'on prend en compte le pouvoir économique dont les femmes sont encore trop souvent dépossédées. Probablement pas, si l'on accepte que tout être humain, au cours de son développement, passe par une phase que la psychanalyse nous a particulièrement bien permis de comprendre, au cours de laquelle garder et expulser, donner et recevoir acquièrent un sens personnel et une signification dans un échange humain. Quel que soit le sexe, certains seront particulièrement sensibles à cet aspect de la vie et des rapports humains. Ils deviendront soit prodigues, soit avares.

Les différences incontestables

En fin de compte, nombre de croyances sur les qualités ou les défauts des hommes et des femmes relèvent soit du mythe, soit de différences individuelles. Existe-t-il néanmoins des différences psychologiques incontestables entre les hommes et les femmes ?

Quand la parole vient aux filles

« Dieu, qu'elles sont bavardes ! » se plaignent les hommes. C'est incontestable. Les femmes sont douées pour parler. Déjà petites, elles sont les premières à former des mots ou des phrases et à articuler correctement. Un peu plus tard, elles seront les premières à apprendre à lire puis les premières en orthographe et en phonétique.

Les petites filles parlent mieux et plus tôt que les petits garçons. Ainsi, certains troubles du langage sont de façon significative plus masculins que féminins. Sur les 600 000 personnes atteintes en France de bégaiement – soit 1 % de la population totale – 480 000 sont du sexe masculin. Quatre garçons bégaient pour seulement une fille ! Même chose pour la dyslexie qui touche quatre à cinq fois plus de petits garçons !

Durant leur enfance, les garçons rattrapent le retard qu'ils avaient pris à la naissance. Cependant, à partir de l'adolescence, les filles reprennent à nouveau l'avantage : elles parlent plus et communiquent mieux. Cette supériorité se traduit dans les résultats scolaires. Dès l'école primaire, les filles sont meilleures en français. C'est toujours vrai en troisième, et bien plus net que le léger avantage des garçons en mathématique. En classe de troisième, 82 % des filles interrogées projettent d'ailleurs de passer un baccalauréat littéraire [7].

Cause ou conséquence, les filles sont de plus grandes lectrices que les garçons. Elles sont plus nombreuses à lire par plaisir, en particulier des romans, et ce dès l'enfance [8]. Un coup d'œil aux statistiques confirme ce que les professionnels du livre savent de façon empirique : sept lecteurs de romans sur dix sont des lectrices. Autrement dit, la lecture a un sexe. L'écriture, sans doute pas.

Par ailleurs, les femmes s'expriment en moyenne mieux que les hommes. Le goût et le don pour les matières littéraires ou la psychologie s'observe dans n'importe quel « amphi » de faculté. Certains donnent au phénomène une explication hormonale, d'autres une explication cérébrale : il y aurait d'avantage de neurones dans le cerveau des femmes.

Quoi qu'il en soit, il pourrait bien y avoir un rapport entre cette supériorité langagière et la plus grande capacité qu'ont les femmes à exprimer leurs émotions. Les mots permettent d'identifier et de désigner ses propres sentiments. Ils permettent aussi de les faire partager ou d'évoquer ceux d'autrui. Plus encore, les mots se substituent aux actes. Une fille qui saura dire « je suis furieuse » risque moins d'en venir aux mains qu'un garçon qui manie plus difficilement le verbe.

Un homme perdu retrouvera son chemin

Les garçons prennent leur revanche dans les activités visuo-spatiales. Ils repèrent mieux les objets ou les personnes. Ils se repèrent également mieux eux-mêmes. Cela ne veut pas dire que les femmes ont peur de se déplacer ou de voyager. Selon les cabinets de conseils pour jeunes cadres, ce sont les femmes qui apprécient le plus les déplacements professionnels, manifestant une plus grande curiosité et montrant un plus fort intérêt pour les contacts et la présence sur le terrain.

La supériorité des garçons dans les matières scientifiques, en mathématique mais surtout en physique, pourrait peut-être s'expliquer par cette plus grande aptitude aux tâches spatiales. À moins qu'elle ne soit liée aux traditionnelles représentations sociales et éducatives. En effet, elle ne se manifeste pas dès l'enfance. À l'école primaire, filles et garçons obtiennent des résultats comparables dans l'acquisition des notions quantitatives et la maîtrise de l'arithmétique. Jusqu'à cinq, six ans, les filles seraient même meilleures !

Les choses changent à l'adolescence. Indéniablement, les garçons réussissent alors mieux que les filles en mathématique, lorsqu'on évalue objectivement leurs aptitudes au moyen d'épreuves standardisées – précaution indispensable du fait que les enseignants ont tendance à surestimer les filles, plus attentives et plus appliquées que les garçons. C'est surtout vrai pour la géométrie et le raisonnement logique.

Les résultats de l'enquête internationale menée dans vingt pays en sont d'autant plus étonnants. Cette étude a rassemblé les scores obtenus dans cinq disciplines mathématiques : l'algèbre, la géométrie, l'arithmétique, les opérations de mesure et la statistique descriptive. Dans six pays, dont la France, les garçons réussissaient toujours mieux que les filles. Dans cinq autres, c'était l'inverse. Ailleurs, les forces et les faiblesses de l'un ou l'autre sexe variaient avec la discipline considérée.

Les auto-estimations faites par les élèves eux-mêmes laissent apparaître un écart plus grand encore que les notes. Fidèles à l'habitude qu'elles ont contractée dès l'enfance, les filles sous-estiment généralement leurs compétences dans l'ensemble des matières. Elles sont pourtant généralement considérées comme de meilleures élèves et redoublent en effet beaucoup moins.

Les femmes parlent mieux; les hommes se repèrent mieux dans l'espace. Certains y voient la preuve d'une dominance hémisphérique spécifiquement liée au sexe. Rappelons en schématisant que, chez les hommes comme chez les femmes, la représentation des activités linguistiques et le traitement des tâches analytiques se fait du côté gauche, le traitement des tâches spatiales à droite. D'où la conclusion sur laquelle se précipitent certains pour qui le cerveau droit est masculin et le cerveau gauche féminin.

Or, pour la plupart des neurologues, cette différenciation topographique est par trop réductrice. Plutôt que de parler de cerveau droit et de cerveau gauche, il vaudrait sans doute mieux parler d'asymétrie fonctionnelle. Il semble de plus en plus certain que le fonctionnement cérébral diffère chez la femme et chez l'homme. Certains clichés récents d'Imagerie par résonance magnétique (IRM) ont permis au grand public de vérifier qu'hommes et femmes n'utilisaient pas leur cerveau de la même façon, par exemple lorsqu'ils lisent. Chez l'homme, la spécialisation de chaque hémisphère semble fortement marquée, alors que, chez la femme, les capacités verbales et d'orientation spatiale paraissent réparties plus symétriquement entre les deux hémisphères. Par conséquent, en cas de lésion précoce de l'hémisphère gauche, les fonctions du langage peuvent être plus aisément transférées à l'hémisphère droit chez les filles que chez les garçons [9]. Autre conséquence : les femmes auraient plus de difficultés à dissocier leurs comportements émotionnels et rationnels et à accomplir deux tâches cognitives simultanément – parler et se repérer dans l'espace, par exemple ; à l'inverse, elles sauraient mieux se concentrer sur une tâche que les hommes. Mais même ces dernières inégalités se sont réduites entre la fin de la Seconde Guerre mondiale et le début des années quatre-vingt. Ce constat est un argument de poids en faveur de l'hypothèse culturaliste pour expliquer les différences observées.

L'expression créatrice est bien féminine

Créer, c'est produire de l'unique. Les inventeurs sont créatifs, mais aussi les artistes ou les grands couturiers. Mais, à un moindre degré, nombre de personnes ont indéniablement des capacités créatives. Constate-t-on des différences suivant le sexe ? Les artistes, les écrivains ou les scientifiques sont plus souvent des hommes que des femmes. Cependant la question est de savoir si ce résultat prouve la plus grande aptitude des hommes à créer ou reflète plutôt un biais notable d'appréciation lié au statut social occupé par les femmes pendant tant de siècles.

D'après le témoignage de personnes jugées créatives auxquelles on a demandé de décrire la manière dont s'organisaient leurs pensées, il semblerait que le processus psychique de créativité implique d'abord la possibilité d'associer de nombreuses idées en chaîne – c'est le fameux « brainstorming » – et ensuite de trouver parmi ces pensées associatives des idées amusantes, ludiques et non conformistes. Dans les études portant sur la créativité, ce sont les deux mêmes paramètres qui sont généralement mesurés : le nombre d'idées différentes produites à partir, par exemple, d'un mot ou d'une image et leur originalité. Chez les enfants de maternelle ou de cours préparatoire, les tests verbaux de capacité créative ne montrent aucune différence entre les filles et les garçons. Mais, à partir de sept ans, les filles se montrent plus créatives dans la majorité des études. On peut évidemment attribuer ce résultat à leurs meilleures capacités verbales, puisque dans les tests non verbaux aucune supériorité claire d'un sexe sur l'autre n'apparaît clairement. Si le sexe féminin est plus créatif que le sexe masculin, c'est en raison de sa plus grande capacité à s'exprimer, notamment par les mots.

Oui, l'intuition féminine existe...

Exprimer nos sentiments informe autrui de notre état et par suite de nos intentions. Mais les affects ne sont pas seulement des producteurs d'expression, ce sont aussi des inducteurs de comportement. Que dire alors de l'intuition émotive de l'un ou l'autre sexe ? Aucun doute possible, dès leur plus jeune âge, les femmes devinent mieux les émotions et perçoivent mieux les non-dits, tenant compte du contexte et de toutes les sources d'informations périphériques, infralangagières ou « analogiques » qu'émettent leurs proches.

... et l'orgueil masculin

Les hommes ont tendance à offrir une meilleure image d'eux-mêmes que les femmes. Même les femmes qui sont aussi sûres que les hommes de leur valeur et de leurs compétences manifestent relativement moins de confiance en elles, s'interrogeant sur ce qu'elles doivent faire ou sur ce qu'elles ont fait. Les tests imaginés par les psychologues pour évaluer la part de « mensonge » dans le discours ou le comportement d'un sujet donnent largement la supériorité aux garçons qui déguisent plus volontiers ce qu'ils sont et tentent de donner d'eux-mêmes une image favorable.

On comprend mieux pourquoi tant d'hommes se braquent dès qu'ils soupçonnent qui que ce soit, et en particulier une femme, de vouloir leur dire ce qu'ils ont à faire. On comprend mieux également la fréquence de la jalousie masculine qui vaut au moins celle des femmes et où sont imbriquées plusieurs émotions, la tristesse, mais aussi la colère et l'angoisse.

Ainsi, cet orgueil masculin est très souvent à l'origine des difficultés qu'ont les hommes à exprimer leurs émotions négatives, angoisse, tristesse, ou mal-être. Si les femmes réclament à juste titre le droit à l'autorité, quelle qu'elle soit, c'est le droit à la fragilité que les hommes devraient revendiquer.

Certaines caractéristiques psychologiques permettant de différencier les hommes et les femmes, d'autres non. Lorsqu'elles existent, ces différences sont renforcées par l'image que chaque sexe possède à ses propres yeux et aux yeux de l'autre. Comme les différences émotionnelles auxquelles elles sont intriquées, elles dépendent donc pour une bonne part de stéréotypes culturels.

Les différences psychologiques par ailleurs s'estompent ou évoluent. Alors qu'il y a un siècle les femmes étaient moins diplômées que les hommes, elles sont aujourd'hui plus souvent titulaires du baccalauréat que les hommes, 37 % contre 31 %. Ce qui ne doit pas nous amener à négliger les individualités. En effet, réduire un être humain à n'être que l'élément d'un ensemble est toujours trompeur.

En somme, comme pour les émotions, la plupart des différences psychologiques concernent les stratégies d'expression utilisées par l'un ou l'autre sexe. Ces différences se manifestent avec plus de force en situation « sociale », notamment en présence de l'autre sexe. Le comportement d'un enfant face à un autre enfant qui joue, par exemple, a été étudié. Les petites filles regardent rarement passivement d'autres petites filles jouer ; en revanche, elles ont souvent ce comportement face à des garçons. Les stéréotypes persistent donc. L'homme idéal demeure un être « sans artifice, bagarreur, agressif, vif, créatif, efficace, impatient ». C'est d'ailleurs l'image choisie par Microsoft, la *success story* des années quatre-vingt-dix.

CHAPITRE VI

Le livre des amis

L'instabilité conjugale gagne du terrain. Le modèle du couple unique ne concerne maintenant que 74 % des hommes et 80 % des femmes entre quarante et quarante-quatre ans (contre 82 et 83 % en 1986). Cette fragilité croissante s'accompagne d'une hausse du célibat : toujours entre quarante et quarante-quatre ans, 9 % des hommes et 15 % des femmes sont célibataires (contre 4 % et 10 % en 1986). Comme le souligne Robert Wright [1], une énorme majorité de sociétés – 980 sur 1 154 – des plus anciennes aux plus récentes, ont autorisé l'homme à avoir plusieurs femmes. La thèse du couple à vie et de la fidélité en particulier masculine devient embarrassante.

L'institution matrimoniale elle-même est mise à mal : le nombre de couples non mariés a doublé depuis 1986. En 1990, un tiers des jeunes couples n'était pas marié. Dernière nouveauté : près de 6 % des couples non mariés choisissent de vivre leur histoire d'amour... chacun dans son appartement.

Nous vivons dans une société où les mariages se font de moins en moins nombreux (416 500 en 1972, 271 400 en 1992) et les divorces de plus en plus fréquents (43 400 en 1972, 101 700 en 1992). Pourquoi les femmes et les hommes divorcent-ils ? L'anthropologue Laura Betzig a réalisé une étude portant sur cent soixante sociétés. La cause la plus communément invoquée par les hommes est l'infidélité de leur compagne ; pour les femmes viennent d'abord la cruauté mentale et les sévices subis.

La vie n'est pourtant faite que de rencontres. L'homme ne peut pas vivre seul, la femme non plus. Chacun des deux sexes a besoin de l'autre. Comment expliquer alors qu'hommes et femmes se comportent encore trop souvent comme des étrangers ? Un être humain qui voyage apprend à regarder et à écouter. Curieux, il découvre que beaucoup d'étrangers partagent les mêmes émotions que lui, même si l'intensité, la fréquence et l'expression en sont souvent différentes. Et il en vient alors à regretter que les échanges fructueux soient si rares. Il en va de même pour les hommes et les femmes. Entre eux, un livre des amis doit s'ouvrir.

La théorie freudienne l'a depuis longtemps affirmé. Il existe une contradiction fondamentale entre le désir sexué d'entrer en relation avec l'autre sexe et le désir de s'identifier à lui, c'est-à-dire de reconnaître une partie de soi dans l'autre. Cependant, nombre d'entre nous, même s'ils s'en défendent, recherchent, en dehors de leur vie sexuelle, dans la pratique d'un sport, en société ou dans les relations professionnelle, la compagnie de personnes du même sexe. Souvenir des cours de récréation qui montrent un monde coupé en deux, avec d'un côté les garçons, de l'autre les filles ? Nous serions attirés par l'autre sexe mais notre confiance irait de préférence aux personnes du même sexe. N'allons pourtant pas trop vite et ne généralisons pas. Pourquoi n'existerait-il pas des hommes et des femmes préférant la compagnie professionnelle et sociale de l'autre sexe pour de simples raisons humaines ?

Rester entre soi...

C'est apparemment une constante, quel que soit l'âge, la culture ou le milieu social. À l'âge de quatre ans et demi, un enfant passe trois fois plus de temps avec des camarades de jeu du même sexe qu'avec des enfants de l'autre sexe. À six ans et demi, la tendance est encore plus nette. L'enfant passe désormais onze fois plus de temps avec le même sexe qu'avec l'autre ! E. Maccoby s'est intéressée au phénomène. Elle propose deux explications. Les jeux des garçons où l'agressivité, l'esprit de compétition, la recherche de la domination prévalent rebuteraient les petites filles. D'autre part, les filles auraient beaucoup de mal à influencer les garçons. Pourtant, dans le jeu de billes mentionné au chapitre précédent, filles et garçons semblaient s'influencer mutuellement pour le mieux, puisque les paires mixtes gagnaient.

Nous voici désormais face aux conséquences de ce que nous avions précédemment découvert. Dans leurs modalités d'influence, les filles sont indirectes, elles choisissent des moyens détournés, suggèrent volontiers, adoptent une attitude amicale, préférant même parfois déguiser la vérité en l'omettant. Ce type d'interactions est efficace lorsque les petites filles sont entre elles ou communiquent avec un enseignant ou, de manière générale, avec un adulte. Il est sans doute moins adapté à la rudesse et à l'agressivité des petits garçons. De nettes différences apparaissent également ailleurs que dans le langage ; dans les silences et les pauses, par exemple. Une petite fille utilise des formules exprimant son accord, marque des pauses pour laisser la parole aux autres. Son langage est « collaboratif ». Certains ont même émis l'idée que lorsqu'elles parlaient, les filles visaient à un double effet : être agréable et sociable tout en défendant énergiquement leur point de vue. Les garçons interrompent et interpellent davantage leur interlocuteur, cherchent à diriger l'échange, veulent contrôler la discussion et, pardessus tout, s'affirmer. Sans doute ce style « confrontationnel » typiquement masculin ne gêne-t-il pas les garçons lorsqu'ils sont entre eux. Mais il est tout aussi probable que l'autre sexe trouve pénible, enfants de jouer, adultes de discuter, avec quelqu'un qui les interrompt pour s'affirmer sans cesse et ne les laisse jamais parler. N'en concluons pas pour autant que ce sont les filles qui évitent les garçons. L'inverse est également vrai, peut-être plus. Un garçon sent très bien que les « règles du jeu verbal » ne peuvent pas être les mêmes avec une fille...

À l'adolescence puis à l'âge adulte, malgré la forte attirance pour le sexe opposé, ces différences de styles continuent de se manifester. Mais il faut alors distinguer et nuancer. Une étude a ainsi montré que les hommes se divisaient en deux groupes : certains répondent par l'anxiété ou l'hostilité lorsqu'on leur raconte l'histoire de femmes qui ont réussi, d'autres, pas. Soumis à un test de capacité verbale – un anagramme – les hommes du premier groupe, contrairement à ceux du second, ont de meilleurs résultats lorsqu'ils sont en compétition avec des amies femmes de leur âge qu'avec des amis hommes. Doit-on en déduire qu'il faut être machiste quand on est en concurrence professionnelle avec une femme ? Cette étude semblerait le prouver !

Quoi qu'il en soit, dans notre vie amicale et sociale, nous allons, le plus souvent à notre insu, vers nos semblables, peut-être justement par méconnaissance de l'autre sexe. Qui n'a pas assisté à des piqueniques ou des fins de dîner où hommes et femmes se retrouvent tout naturellement à discuter de leur côté, renouant par là avec leurs habitudes d'écoliers. De même, depuis que se développe un meilleur équilibre dans l'attribution de l'autorité parentale en cas de divorce, les pères réclament plus souvent leurs fils et les mères leurs filles. Selon une étude publiée par le ministère de la Justice et regroupant 3 675 cas, 67 % des enfants de moins de sept ans vont vivre chez leur mère, mais 58,7 % des sept/treize ans et seulement 38,4 % des quatorze/dix-sept ans.

Il n'est cependant pas rare d'entendre des hommes et des femmes déclarer se sentir mieux, préférer travailler ou encore avoir des relations amicales avec des sujets du sexe opposé. Je me souviens de cet homme qui, me parlant de sa vie professionnelle, disait avoir une forte complicité avec ses collègues femmes. Il n'existe donc pas en ce domaine de règle universelle. Néanmoins, si nous en croyons un certain nombre de chercheurs qui se sont intéressés au sujet, il y aurait en chacun de nous, probablement sans que nous en ayons parfaitement conscience, un « homunculus », un petit homme, préférant finalement discuter, jouer ou travailler avec ses semblables.

Dès l'enfance, hommes et femmes passent volontiers une grande part de leur temps en compagnie de personnes du même sexe. Tout au long de leur existence, ils continueront d'employer un style d'interaction les distinguant de l'autre sexe. Qu'arrive-t-il alors lorsque ces deux « cultures » se rencontrent ? La première grande rencontre se produit au moment de l'adolescence. Par la suite, les occasions ne cesseront de se répéter. Tout adulte, quel que soit son sexe, est quotidiennement confronté à des situations de mixité. Dans les rencontres, les jeunes filles et les femmes se montrent plus réceptives aux encouragements ou davantage disposées à accorder leur soutien, elles révèlent également leur plus grande facilité de communication. En somme, elles continuent d'agir comme elles le font naturellement entre elles depuis leur plus jeune âge. Les hommes conservent également leurs habitudes de petits garçons : habitués à exprimer leurs propos de façon affirmative, ils continuent de chercher à convaincre, même si, parvenus à l'âge adulte, ils tentent plus souvent de le dissimuler.

Les études ont montré qu'il était très difficile pour un homme confronté à ce type de situations de se contrôler et en particulier d'écouter avec attention ce que l'autre dit, surtout s'il s'agit d'une femme. Le sexe masculin cherche toujours à s'affirmer, peut-être plus encore en cette circonstance. Précision du plus grand intérêt : un homme aura d'autant plus de mal à écouter une femme s'il est en présence d'autres hommes. Tout se passe donc comme si un mâle, sous le regard d'autres mâles, se sentait tenu de réaffirmer à tout prix son statut de « dominant ».

L'attitude de la femme est plus complexe. Certaines études montrent qu'elle s'adapte et modèle son comportement sur celui de ses collègues masculins : elle élève la voix, interrompt celui qui parle, s'affirme davantage. Elle n'en conserve pas moins certaines caractéristiques bien féminines. On a ainsi découvert qu'en groupe les femmes souriaient davantage, exprimaient plus volontiers leur approbation et manifestaient par des signaux non verbaux leur attention aux autres, peut-être même surtout aux hommes.

Ces particularités se lisent également dans le comportement propre à chacun des deux parents. Lorsque les enfants sont petits, les femmes parviennent à un niveau d'échange et d'interaction plus profond que les hommes. Puis, à mesure que leurs enfants grandissent, les parents interagissent de plus en plus avec eux comme ils le font avec d'autres personnes de même sexe ou de sexe différent. Les mères développent avec leurs filles une plus grande intimité ; les pères partagent avec leurs fils leur goût pour les jeux, le sport ou les activités communes.

Les femmes savent incontestablement mieux répondre aux besoins des petits enfants. Aptitude attribuée par beaucoup au fameux instinct maternel, les mères savent mieux communiquer avec eux. Les pères, par leur style interactif, commencent à exercer sur leurs enfants une certaine autorité alors qu'ils n'ont encore que deux ans. Ceux-ci, quand ils atteignent l'âge de cinq ou six ans, interagissent de plus en plus avec leurs petits camarades du même sexe et commencent à développer le style interactif liée à leur identité sexuelle. Fait notable, les parents tiennent de plus en plus compte dans leur comportement du sexe de leur enfant, renforçant, très souvent à leur insu, les dispositions de leur progéniture.

Ces modalités d'échange entre enfants et parents sont bien évidemment modulées par la « dynamique œdipienne ». La psychanalyse nous a appris à distinguer le style d'interaction ou de communication, fruit de l'apprentissage et de l'imitation, de l'identité profonde de chacun, produit des identifications heureusement « bisexuées » aux deux parents au moment de l'enfance. Les fils peuvent inconsciemment intérioriser certaines attitudes de leur mère, les filles certains comportements de leur père. Nous serions bien différents dans la société imaginée par l'un de mes jeunes patients : les fils reproduiraient à l'identique leurs pères et les filles leurs mères !

… Ou communiquer ses émotions ?

Nous savons que dans les relations entre hommes et femmes, chaque sexe déploie pour influencer l'autre des stratégies différentes. Les hommes ont une approche directe, les femmes louvoient plus volontiers. En cas de conflit, les femmes adoptent une attitude de retrait ; elles peuvent choisir de se taire, se montrer distantes ou froides, et décider unilatéralement de ce qu'il convient de faire. En revanche, si l'affectif prend le dessus, elles exprimeront, souvent violemment, leurs émotions. Ce sont alors les hommes qui battent en retraite, se referment sur eux-mêmes et masquent leurs sentiments. Ces deux cas de figure montrent que les femmes se sentent *a priori* moins capables d'influencer leur partenaire si elles abordent directement les problèmes. Il ne devrait pourtant qu'être question d'altérité et de complémentarité, sainement assumées de part et d'autre. Les particularités affectives propres à chaque sexe peuvent expliquer, au moins en partie, les incompréhensions mutuelles. Exprimer ses sentiments n'est pas toujours aussi aisé. Combien peuvent se vanter de parler avec la même liberté que Silvia, l'héroïne de *La Double Inconstance* ? À son amant Arlequin qui lui reproche de ne plus l'aimer, la jeune femme se contente simplement de répondre : « Je t'aimais : c'était un amour qui m'était venu ; je ne t'aime plus : c'est un amour qui s'en est allé. »

Il est facile d'exprimer son amour à son petit enfant ou à son amoureux. C'est autrement plus difficile lorsque vous avez face à vous votre fille ou votre fils de quinze ans qui se rebelle et vous tient tête ou votre conjoint qui cherche l'affrontement. Lorsque les difficultés, les soucis, la fatigue ou le découragement deviennent tels qu'ils empêchent tout dialogue, c'est alors que le « maillage » affectif qui nous lie à ceux que nous aimons risque de se défaire.

Certaines de nos particularités favorisent pourtant l'entente. Parce qu'ils ont plus de difficulté à exprimer en privé leurs émotions, les hommes cherchent davantage à éviter de longs conflits. Les études menées sur les interactions conjugales l'ont prouvé. Mais d'autres particularités produisent l'effet inverse. Combien d'hommes, après des années de vie commune, ne se sont toujours pas faits aux variations d'humeur de leur épouse ? « Un mariage heureux est une longue conversation qui est toujours trop brève », disait fort justement André Maurois. Or, c'est encore trop peu dire, à mon sens. Pour porter ses fruits, cette longue conversation entre les sexes doit par-dessus tout veiller à prendre en compte la façon propre à chacun de communiquer ses émotions. Le professeur J. Gottman de l'université de Seattle, aidé de son collègue R. Levenson de l'université de Berkeley, travaille depuis plus de vingt ans sur les couples mariés. Ses conclusions rejoignent les miennes. Dans la spirale infernale qui conduit au divorce, Gottman est parvenu à identifier quatre attitudes particulièrement néfastes pour la vie d'un couple : la critique acerbe, le mépris, l'attitude défensive, le repli sur soi. Remarquons qu'il s'agit d'attitudes fortement marquées par l'émotion. Gottman les a appelées « les quatre cavaliers de l'Apocalypse ». Reste à savoir si elles sont à tendance masculine ou féminine.

J'ai très souvent rencontré des femmes se plaignant de ce que leurs partenaires ne parlaient pas de leurs problèmes, n'exprimaient pas leurs émotions ou n'écoutaient pas. J'ai entendu des jeunes filles faire le même reproche à leur père. Inversement, combien ai-je reçu d'hommes se plaignant de l'instabilité émotionnelle des femmes, qu'il s'agisse de leurs collègues, de leur compagne ou de leur fille. Le professeur Gottman est parvenu à des résultats semblables : les hommes fuient les affrontements négatifs, qu'ils supportent d'ailleurs mal comme en témoignent leur rythme cardiaque ou leur taux d'adrénaline : ils éclatent ou se referment et se terrent dans un mutisme destructeur. Comme Paul, le héros de notre histoire [2], ils ruminent. Les femmes manifestent davantage leurs émotions et expriment plus volontiers leurs critiques, du moins en privé, puisqu'en public elles montrent au contraire une plus grande retenue que les hommes.

Le droit à la fragilité

« Fragilité ton nom est femme », disait Shakespeare. Ce n'est probablement vrai qu'en apparence. Sans distinction de sexe, se confier, pleurer et même s'effondrer pour de bon, aide à l'équilibre. Savoir dire « j'ai pensé ceci ou cela ; est-ce idiot ? » détend. Montrer sa force en public demeure assurément une priorité pour les hommes et le devient pour les femmes d'aujourd'hui. Aux risques et périls des deux sexes. Si je n'avais qu'un conseil à donner, je recommanderais aux femmes comme aux hommes de conserver, au moins en privé et à égalité, le droit à la fragilité.

Marc est un garçon de seize ans. Il vient me consulter avec ses parents. Depuis deux ans environ, il ne parvient plus à se concentrer sur son travail. Dès qu'il doit faire un important effort de mémoire ou de réflexion, l'angoisse le saisit : il ne peut pas mener à bien l'exercice demandé. D'autre part, il a envers ses parents et en particulier sa mère des accès de violence qui inquiètent toute la famille.

Marc a une idole, un coureur automobile mondialement connu. Il suit presque chacune de ses courses à la radio ou à la télévision. Lorsque, en raison du décalage horaire, la course est retransmise la nuit, il oblige son jeune frère à veiller avec lui. Et si par malheur ce champion de Formule 1 perd, Marc entre dans un état de fureur clastique. Il a déjà à deux reprises violemment frappé son frère. Cherchant à expliquer son comportement, Marc parle de son héros comme d'un « autre lui-même ». Tout comme lui, il est « arrivé » à force de volonté et de concentration et si aujourd'hui il ne réussit plus dans ses études, c'est en raison de la gêne que lui créent les autres. Il ne peut pas en dire davantage.

Nous reconnaissons dans les propos de Marc l'activation d'un mécanisme « d'identification projective » pathologique puissant. Cette identification lui permet de reporter sur autrui la responsabilité de ses propres défauts, elle lui permet aussi de se protéger en évitant que n'apparaisse la moindre faille dans la construction de cette grandiose idéalisation de soi-même.

Le travail psychothérapique entrepris a permis de reconstituer l'histoire de ce jeune garçon. Marc a mis du temps avant d'en comprendre le sens et de reconnaître les liens avec ses troubles actuels. Cet adolescent difficile a grandi dans une famille où la réussite sociale avait d'autant plus d'importance qu'il était l'aîné. Son premier souvenir traumatique conscient, chargé d'angoisse, est un départ en colonie de vacances. Il quittait alors pour la première fois ses parents et perdait brusquement son statut d'enfant idéalisé. Il n'a pas pu y rester plus de deux jours. Il se souvient aussi, avec une grande force, d'une période remontant au début de son adolescence. Il y avait alors dans sa classe un élève qui l'impressionnait énormément : grand, fort, ce garçon possédait une belle maison où il recevait des camarades des deux sexes ; il avait aussi beaucoup de succès auprès des filles. Marc se souvient de l'admiration qu'il portait à cet élève. Il avait voulu devenir son meilleur ami. En vain. Il souhaitait lui ressembler en tout et craignait en permanence de ne pas correspondre parfaitement à l'image idéalisée qu'il avait de son camarade. S'étant aperçu qu'il n'accédait pas comme il le souhaitait au monde de cet ami, il s'était alors plongé comme un forcené dans le travail et était devenu, de très loin, le meilleur élève de sa classe. Cette réussite scolaire avait satisfait son besoin d'idéalisation de lui-même jusqu'au moment où il avait ressenti cette gêne l'empêchant de se concentrer et de réfléchir à l'école. Sans qu'il le sache, ce trouble le protégeait d'une dépression profonde qu'il ne s'autorisait évidemment pas à montrer à ses parents.

Ce cas particulier montre clairement que l'idéalisation peut conserver une structure immature, insensible aux transformations du temps et au processus de développement. Elle finit par présenter une forme de plus en plus extérieure au sujet, n'offrant plus alors qu'un but sans plan d'action pour y accéder, peu à peu détachée de toute conflictualité œdipienne ou plus exactement de la reviviscence de cette conflictualité à l'adolescence.

L'idéalisation de soi ou l'idéalisation de soi à travers l'autre peut apporter, du moins temporairement, une protection contre l'angoisse ou la dépression et fournir une gratification de l'ordre de la gratification des besoins infantiles : tout est possible. Nous sommes alors dans ce que certains psychanalystes ont appelé le *Moi idéal*, celui de la toute-puissance de l'enfant éprouvée dans la vie quotidienne et surtout dans les jeux. Peu à peu, une autre représentation se construit, *l'Idéal du Moi*, qui à la différence de la précédente pousse à la réalisation, par efforts successifs et approximations, des ambitions, désirs, ou actions rencontrées chez l'autre. Tout n'est pas possible mais une partie de ce que l'autre fait est enviable, recherchée, considérée comme accessible mais non encore obtenue.

Pour tous les cas s'apparentant à celui de Marc, nous parlons de fausse idéalisation de soi. Le sujet montre à certains moments ou dans certains domaines de sa vie une estime de soi tout à fait exagérée, immature et disproportionnée, et à d'autres moments, dans d'autres circonstances, avec d'autres personnes ou dans d'autres domaines, un manque de confiance en soi remarquable sans que l'intermédiaire, représenté par le désir, la chose à venir ou le projet, puisse être accepté ou reconnu par le sujet comme possible.

Marc n'avait pas droit à la fragilité. Il ne pouvait

exprimer ni son angoisse ni sa tristesse. La seule « solution » qui s'offrait à lui était d'attirer l'attention de son entourage, notamment de ses parents, par ses accès de violence qui, en apparence, s'accordaient davantage au statut d'homme auquel il avait tant de mal à accéder.

Hommes et femmes partagent le même fantasme, celui d'incarner l'Etre idéal, pouvant selon les circonstances adopter une attitude « féminine », en manifestant par exemple une grande sensibilité, ou un comportement « masculin » comme l'agressivité. Le mythe de l'androgynie nous habite tous. Accepter ses manques, revendiquer le droit à la fragilité, est sans doute moins enthousiasmant mais combien plus humain !

Au-delà de la sympathie, l'empathie

Tout être humain peut éprouver de la sympathie ou de l'antipathie pour autrui. Les raisons sont parfois évidentes, une attitude amicale ou hostile, une communauté de vue ou une franche divergence. Cependant, les motifs restent parfois secrets. C'est une impression diffuse, difficile à définir mais consciemment ressentie.

La sympathie se concrétise par le désir d'aider autrui. L'empathie va plus loin. Elle se produit lorsque le sujet a le sentiment précis de pouvoir épouser l'autre au point de s'y confondre. L'empathie serait ce que nous ressentons quand nous voyons une tableau qui nous émeut [3]. Elle dépasse la communion intellectuelle puisque c'est aux sentiments d'autrui qu'elle permet de s'identifier. C'est elle qui amène à comprendre qu'il y a parfois affectivement dans l'autre un peu de soi-même. Elle nécessite une démarche active, un véritable travail psychique, « nous nous trouvons en présence du processus connu en psychologie sous le nom de *Einfühlung* [assimilation des sentiments d'autrui] et qui joue un très grand rôle, grâce aux possibilités qu'il nous ouvre de pénétrer l'âme de personnes étrangères à notre Moi [4] ». La découverte d'un mystérieux territoire procure une impression agréable mais un travail d'explorateur peu à peu y succède. De même la rencontre spontanée entre un homme et une femme peut être source de sympathie ou d'antipathie, mais le sentiment d'empathie exige une relation plus approfondie. Lui seul permet de découvrir les sentiments profonds de l'autre et peut ainsi être la source d'un grand plaisir ou d'un profond soulagement. C'est pourquoi parler est crucial. Chacun peut, s'il y prête attention, décoder les désirs de l'autre.

Françoise est une jeune femme qui ne parvient pas à mener une vie d'adulte stable. Ces difficultés se manifestent principalement dans son travail et ses échecs professionnels répétés. Elle arrive un jour à son rendez-vous et commence par m'expliquer les raisons qui l'ont amenée à rater la précédente consultation sans me prévenir. Sa sœur est sur le point d'accoucher, elle lui a confié la garde de son petit garçon et il a ramené des poux de l'école ! Il a donc fallu qu'elle s'en occupe : aller consulter un médecin, aller acheter chez le pharmacien le produit conseillé, commencer immédiatement le traitement. Après tout, c'est elle qui a la charge de ce petit garçon : elle ne voulait pas le laisser dans cet état. Voilà pourquoi elle n'a pas pu venir. Françoise n'en reste pas à ce premier discours. Elle laisse aller librement sa pensée comme je le lui demande habituellement et s'engage dans un processus d'associations d'idées dont la teneur permet de comprendre ce qui l'anime. Elle se demande si elle-même n'a pas de poux dans les cheveux, manifestant par là son éternelle culpabilité face à tout ce qui arrive. Une autre idée lui vient : c'est elle qui a transmis ces poux à son petit neveu et c'est sur le coussin sur lequel elle repose sa tête dans mon bureau qu'elle les a attrapés. Un autre patient les y aurait laissés et la transmission se serait faite ainsi. Elle va même jusqu'à imaginer que je suis celui qui s'est appuyé sur le coussin : ce serait donc mes propres poux qu'elle aurait dans la tête. Nous nous amusons l'un et l'autre de cette association d'idées. Je lui dis que tout cela me fait penser aux sujets que nous abordons souvent ensemble depuis le début de son traitement et, en particulier, au fait que si elle est venue me consulter, c'est pour que je lui cherche « l'époux dans la tête ». À ces mots, elle part d'un grand éclat de rire, mais acquiesce et ajoute qu'en effet tous ses problèmes seraient résolus si elle trouvait un mari. Ce jeu de mots a pu me venir spontanément à l'esprit, toutefois, je me rends compte que je l'ai aussi fait en raison de tout ce que cette jeune femme m'a permis de comprendre de ses problèmes. Ainsi je m'étais rendu compte que Françoise interrompait toujours un travail à la suite d'un conflit ou d'une relation décevante avec l'un de ses collègues masculins ou alors pour partir en vacances avec une amie et y faire la rencontre qui l'amènerait enfin à vivre avec un homme. Pour cette jeune femme, j'étais bien celui qui lui cherchait les poux dans la tête afin de trouver l'époux qu'elle désirait profondément. Je cherchais le sens caché de ses actions, toujours empreintes d'une forte connotation sexuelle et marquées par la fascination pour un objet désiré mais plus ou moins frappé d'interdit, parce que source en cas de fascination excessive, de souffrance, de culpabilité et d'échec.

L'empathie émotionnelle est la source d'une rencontre réussie entre un homme et une femme. Elle permet de cerner les similitudes, de découvrir les différences et, plus important encore, d'en tirer une source d'estime et d'enseignement. Dans notre jeu de billes quand les garçons et les filles, initialement adversaires, constatent que leurs qualités respectives leur profitent réciproquement, ils ne font pas moins que de se comporter de manière empathique.

L'empathie repose sur deux postulats : apprendre la valeur de la contradiction et faire passer ses sentiments dans l'âme d'autrui. Si les différences d'opinion n'intéressent pas, je recommande le monologue. Il faut d'ailleurs reconnaître que nombre de dialogues n'en ont, en fait, que l'apparence. Si un désaccord doit se résoudre par la victoire de l'une des parties, laissez le temps à la contradiction de se développer. Croyez-moi, c'est du temps gagné. Sinon, c'est tôt ou tard le retour du « réprimé ». Parler devrait être un plaisir, car parler soulage. Parler entre hommes et femmes devrait être un devoir. Parler pour « converser », bien sûr. Émettre des opinions définitives clôt tout échange et toute rencontre.

Caroline, jeune femme moderne, attend un enfant. Cette petite fille sera son premier bébé. Elle n'est pas mariée, elle n'est même pas sûre de continuer à vivre avec son conjoint. Cette situation est loin d'être exceptionnelle aujourd'hui, elle ne choque plus grand monde sinon les parents de ces jeunes mères « libérées ». Avons-nous affaire à une véritable mutation sociale et culturelle ? Les jeunes femmes n'auraient-elles plus besoin d'époux, les jeunes mères de père pour leurs enfants ? À de nombreux égards, Caroline représente bien la génération à laquelle elle appartient. Pétillante, vive, elle réussit sa vie professionnelle sans négliger sa vie de femme. Elle revendique sans excès mais aussi sans faiblesse l'égalité des droits chère aux féministes.

Et pourtant que désire véritablement Caroline ? Un échange approfondi nous en apprend davantage que l'apparence sociale. Caroline s'étonne de l'attitude du grand patron de la société dans laquelle elle travaille. Elle le rencontre régulièrement. Mais il vient tout juste de s'apercevoir qu'elle était enceinte. Elle lui a malicieusement glissé qu'elle en était seulement à son septième mois. L'attitude de ce patron l'a surprise d'autant qu'elle croit se souvenir qu'un an auparavant il lui avait demandé si elle ne souhaitait pas d'enfant. Tout à coup, en me racontant cette anecdote, Caroline s'aperçoit brusquement que l'homme ne lui a, en fait, jamais rien dit de tel. C'est elle qui a reconstruit de toutes pièces la scène. Elle poursuit alors en me parlant de son « ami » qui ne s'est guère intéressé à sa grossesse. Elle-même lui en a peu parlé. Cependant, il aurait pu l'interroger davantage. Ainsi, Caroline découvre brutalement qu'elle est très attachée au fait qu'un homme la reconnaisse comme mère. Et combien elle a besoin de cette reconnaissance ! Elle comprend aussi que son compagnon, le père de son enfant, compte pour elle beaucoup plus qu'elle ne le pensait ou ne le disait. Caroline s'était toujours juré qu'elle ne ferait pas comme ses parents dont la mésentente l'avait tant fait souffrir. Elle ne se marierait pas et ne dépendrait jamais d'un homme comme sa mère avait dépendu de son père. Mais, derrière ce discours, se cache au contraire le désir très profond d'un époux, d'un père, d'un homme qui ferait attention à elle en tant que femme et en tant que mère. Encore faut-il que l'homme dont elle attend cette reconnaissance comprenne la complexité des sentiments humains et tienne compte de cette grande règle qui veut que la réalité manifeste ne soit pas toujours l'exact reflet des aspirations les plus intimes.

S'identifier aux sentiments d'autrui n'est pas imiter l'autre mais comprendre ce que chacun a de plus intime. C'est sans doute ce que contiennent l'amour, l'amitié et, plus psychologiquement, l'empathie. Les différences doivent être respectables et respectées. Faute de quoi, le narcissisme nous guette : croyant comprendre l'autre, ce sont nos propres sentiments que nous lui attribuons.

Apprendre à écouter les similitudes et les différences de nos sentiments représente la formule magique. Il faut favoriser l'harmonie de la raison et des sentiments. Comme l'a largement souligné Antonio Damasio dans son livre *L'Erreur de Descartes* [5], il n'y a ni raison ni décision sans émotions. Et ce scientifique de proposer fort justement de substituer au traditionnel « Comment allez-vous ? » la formule « Comment vous sentez-vous ? » Tout un programme !

Les hommes ont peut-être plus encore que les femmes besoin de se raconter et de lire dans les yeux de leur interlocuteur une bienveillante attention. Regret de la sollicitude maternelle ? Faudrait-il, comme le recommande le sage persan Ibn al-Houdaïda, mettre les femmes au pouvoir parce que les fils ont toujours plus volontiers obéi à leur mère qu'à leur père ? Je ne le crois pas mais l'amour profond et sincère des différences est le chemin paradoxal et obligé qui mène à la véritable égalité des sexes.

Rien ne peut remplacer la complicité, l'échange, le partage des émotions. L'humour, la joie mais aussi les peines doivent se partager. Même pour séduire, il faut savoir se laisser séduire et cela vaut aussi pour les hommes. Les dons juans n'appartiennent plus à notre époque et l'attente d'un enfant est aussi devenue l'affaire des hommes, même s'ils doivent chercher de nouveaux repères, faute de rites susceptibles de les accompagner dans cet « enfantement ».

L'art du dialogue

Il existe deux types de communication [6]. La première est informative, elle vise à faire partager une connaissance. Ainsi lorsque nous racontons un événement – notre rencontre avec une ancienne amie –, décrivons une situation – le plaisir pris à se rappeler d'anciens souvenirs, d'anciens camarades perdus de vue – ou tentons de brosser notre propre portrait ou celui d'autrui. L'intérêt de ce type de communication est d'offrir à l'interlocuteur des élément d'information qui peuvent lui être utiles.

Le but de la communication interactive est différent. Il cherche à produire un effet, à agir sur l'interlocuteur pour le modifier. L'interaction n'est pas nécessairement verbale. Un silence, un départ précipité, un geste, une mimique sont des interactions. La finalité de la communication interactive est d'établir un dialogue où la réponse de chaque interlocuteur guide celle de l'autre, de réaliser un « drame » au sens que Politzer a jadis donné à ce terme. Comme le souligne D. Widlöcher[7], l'axe autour duquel se font la communication, les associations de mots ou de pensées n'est plus l'objet signifié comme dans la communication informative – dans notre exemple, les retrouvailles avec une ancienne amie –, mais la réponse manquante de l'interlocuteur, réponse imaginée ou non, à la question : « Connais-tu la réponse ? ».

Le secret de l'efficacité de ce dialogue nous a été enseigné par Socrate. C'est le désir d'apprendre de la personne avec qui nous nous entretenons. Tout le contraire de l'injonction : « Réponds quand je te parle ! » Ce dont je suis intimement persuadé, c'est que ce dialogue est toujours profondément affectif. La recherche de la réponse manquante et l'expression ou non de celle-ci dépend du climat affectif du « drame » qui se joue. L'instauration du dialogue est bien souvent difficile.

Hélène se présente flanquée d'un père bourru, soldat de métier à la retraite qui a fait Diên Biên Phu, et d'une mère résignée et plaintive, ancienne infirmière militaire, supportant tout et plus encore, avec dignité et courage, pour le bien de tous, pour préserver coûte que coûte l'équilibre familial... En tête à tête, le père parle peu, semble agacé par toutes ces histoires de « bonne femme ». Il a trois filles et m'énonce brièvement les projets qu'il a conçus pour Hélène : elle reprendra ses cours et trouvera ensuite du travail. Vue seule, la mère égrène un long chapelet d'excuses visant à défendre sa fille. À l'inverse, elle décrit son mari comme un homme coléreux, égoïste, grossier, perpétuellement insatisfait. Elle parle de ses rapports avec Hélène de manière positive, avec chaleur et même une certaine fierté. Indéniablement, il y a ici une complicité mère-fille qui s'est faite au détriment du mari.

Hélène apparaît vite comme un personnage double. Tantôt elle se montre insouciante, manifeste une aisance presque provocante d'où l'angoisse paraît absente. Tantôt elle semble anéantie par des sentiments d'abandon, d'échec, d'impuissance qui font naître en elle une angoisse massive. La déchéance du père fonctionne chez elle à la manière d'un traumatisme qui semble résulter directement d'une disqualification par la mère : il n'est pas l'homme qu'elle désire.

C'est ce double choc, déchéance du père, insatisfaction de la mère, qui fait dire à Hélène : « Mais pourquoi se sont-ils mariés ? » Les symptômes de cette jeune fille, ses douleurs physiques diffuses, variables et inexplicables, prennent ici le relais des mots, ils se substituent à cette parole non dite, entre elle et ses parents, mais aussi entre ses parents.

CONCLUSION

Les noces de Socrate

S'il existe de nombreux sentiments communs aux deux sexes, la science et l'expérience montrent que, dans leur vie affective, hommes et femmes diffèrent parfois considérablement. Les émotions féminines et les émotions masculines peuvent s'opposer. Ignorer ces différences est souvent plus dangereux que de les reconnaître.

Tout commence avec l'amour, d'abord l'amour de soi, ce que saint Thomas appelle l'amour de concupiscence. Ainsi le nourrisson qui tête sa mère. Mais aimer l'autre pour son propre bien doit conduire à aimer l'autre pour son bien à lui. C'est l'amour de bienveillance, soit l'amour qui veut reconnaître en l'autre une personne radicalement différente. En filigrane, ce livre rejette donc la mode unisexe ou l'idéal d'androgynie. Aimons nos différences !

Je propose que nous nous engagions dans la démarche que Socrate défendait en son temps : rompre avec les mythes – ici celui de la force masculine et de la dépendance féminine – et, surtout, d'instaurer un nouvel art du dialogue – ici entre les sexes. Substituons à la guerre des mots le charme de la conversation et la jouissance d'une proximité qui exigeraient pour être fructueuses de ne renoncer à aucune de nos particularités propres. Qu'un sexe ne cherche pas à enseigner à l'autre, qu'il donne au contraire l'impression qu'il veut apprendre de l'autre. Socrate dont la mère était sage-femme comparait la pratique philosophique à l'art de faire accoucher. La vraie connaissance ne peut venir que de l'intérieur de chacun. Au diable les monologues ennuyeux ! Il est utile et combien plaisant de se faire comprendre, jusque dans la communication non verbale, et de comprendre le comportement de ses proches, surtout s'ils sont de l'autre sexe. La vie en devient plus excitante et moins conflictuelle.

Je ne peux pas dire avec certitude ce qui est à l'origine de mon intérêt pour la psychologie humaine. Mais je sais que les conceptions traditionnelles sur la trop grande émotivité féminine et le nécessaire contrôle des émotions masculines sont erronées. J'ai compris que la plus grande liberté qu'il restait à conquérir n'était pas la liberté sexuelle mais celle de pouvoir exprimer ses émotions, toutes ses émotions, dès la plus tendre enfance. Mon expérience professionnelle m'a d'ailleurs rapidement conduit à vérifier les méfaits psychiques et physiques que les préjugés communément admis pouvaient entraîner.

Tous les jours, mon travail m'amène à rappeler à ceux qui souffrent d'« infirmité de cœur » que le partage des sentiments est indispensable pour se faire comprendre. Les serrures sont parfois bien verrouillées. Deux voies permettent généralement d'engager la conversation, la reconnaissance des similitudes et l'écoute des différences. Encore aujourd'hui, les deux sexes se comprennent mal. Les émotions qu'ils éprouvent les rapprochent, mais l'expérience intime qu'ils en font et surtout les modalités d'expression qu'ils adoptent trop souvent les séparent. Chacun est pourtant capable de se mettre à la place de l'autre et de percevoir ses émotions et ses réactions. En un mot, chacun est capable d'empathie.

Faire passer ses sentiments dans l'âme d'autrui, voilà la formule magique. C'est ce que parvient à faire tout bon romancier. Dans la vie quotidienne, ce passage demande que chaque sexe s'affranchisse des stéréotypes et conquière, outre le droit à la liberté et à la responsabilité en matière sexuelle, un autre droit plus sournoisement bafoué : la liberté d'exprimer ses émotions propres. Il faut que les femmes s'affranchissent de l'éternel reproche qui leur est fait et acceptent les modalités d'expression affective qui sont les leurs. Il faut, plus encore, que les hommes reconnaissent qu'ils peuvent être et sont émus.

Ce n'est que lorsque nous aurons, hommes et femmes, reconnu les valeurs de l'échange que l'égalité pourra véritablement naître. Le machisme et le sexisme ont compté sur la force de persuasion et négligé les vertus du dialogue socratique. Ils n'ont pas pu éviter la reproduction des classiques scènes de ménages. À l'inverse, la recherche d'un véritable *échange* entre les sexes pourrait enfin amener cette paix des ménages tant attendue.

Exprimer ses émotions et découvrir la valeur de la contradiction permet de diminuer l'incompréhension et les reproches. Parents, enseignants, apprenons à chaque enfant, fille ou garçon, à exprimer *toutes* ses émotions. Hommes et femmes qui vivez en couple, s'affranchir des stéréotypes sociaux, c'est cesser d'être agacés pour un rien et éviter de graves malentendus. André Malraux déclara un jour : « Un couple réussi est une œuvre d'art. Il y en a cinq par siècle ! » Ce livre voudrait inviter à plus d'optimisme.

Rendant compte des études les plus approfondies menées sur les émotions féminines et masculines, cet ouvrage bouscule quelques idées reçues. Gardons-nous pourtant des conclusions hâtives, catégoriques et dogmatiques. La vie affective est une mosaïque. Elle n'est ni entièrement féminine ni entièrement masculine. On ne peut réduire la nature humaine à des chromosomes distincts ou à des attributs sexuels. L'éducation, l'expérience mais aussi la sensibilité propre à chacun rendent les hommes et les femmes aussi riches que complexes. Nos émotions nous différencient autant qu'elles nous unissent. Sans elles que deviendrait alors le mystère si troublant de la rencontre ?

Notes Bibliographiques

Chapitre I : *Tu ne me comprends pas*

1. C. Baudelot et R. Establet, *Allez les filles*, éd. du Seuil, 1992.
2. Irène Théry, *Le Démariage*, éd. Odile Jacob, 1993 ; réédition coll. « Opus », 1995.
3. D. Tannen, *Décidément tu ne me comprends pas*, éd. Robert Laffont, coll. « Réponses », 1993 (trad. fr. par E. Gasarian et S. Smith).
4. D. Tannen, *op. cit.*
5. D. Tannen, *op. cit.*

Chapitre II : *Émotions de filles, émotions de garçons*

1. P. Ekman, « Facial expressions of emotion. New findings, new questions », *Psychological Science*, 3, 1992, pp. 34-38.
2. A. R. Damasio, *L'Erreur de Descartes*, éd. Odile Jacob, 1995.
3. J. Cunninghan, L. Shapiro, *Infant affective expression as a function of infant and adult gender*, Brandeis University, 1984 (étude non publiée).
4. S. Berenbaum, M. Hines, « Early androgens are related to sex-typed toy preferences », *Psychological Science*, 3, 1992, pp. 202-206.
5. A. A. Ehrhardt, H. F. L. Meyer-Bahlburg, « Effects of prenatal sex hormones on gender-related behavior », *Science*, 211, 1981, pp. 1312-1318.
6. M. Lewis, S. Allessandri, M. W. Sullivan, « Violation of expectancy, loss of control and anger in young infants », *Developmental Psychology*, 26, 5, 1990, pp. 745-751.

7. B. Cyrulnik, *Les Nourritures affectives*, éd. Odile Jacob, 1993.

8. C. Z. Mallesta, C. Culver, J. Tesman, B. Shepard, « The development of emotion, expression during the first two years of life », *Monographs of the Society for Research in Child Development*, 50, 1-2, serial 219, 1989.

9. K. Parnell, *Toddler interaction in relation to mother and peers*, Boston University, 1991 (thèse non publiée).

10. R. Lapouse, M. A. Monk, « Fears and worries in a representative sample of children », *American Journal of Orthopsychiatry*, 19, 1959, pp. 803-813.

11. J. Z. Rubin, F. G. Provenzano, Z. Luria, « The eye of the beholder : Parent's view on sex of the new borns », *American Journal of Orthopsychiatry*, 44, 1974, pp. 512-519.

12. D. Batkin, S. Twardosz, « Early childhood teachers' affectionate behavior : Differentiate expression to female children, male children, and groups of children », *Early Childhood Research Quaterly*, 3, 1988, pp. 166-177.

13. V. G. Paley, *Boys and girls : Super heroes in the doll corner*, Chicago, University of Chicago Press, 1984.

14. L. R. Brody, « On understansting gender differences in the expression of emotion », *in* S. Ablon, D. Brown, E. Khantzian, J. Mack ed., *Human feelings : Explorations in affect development and meanings*, New York, The Analytic Press, 1996.

15. O. F. Kernberg, « Adolescent sexuality in the light of group process », *Psychoanal. Quarterly*, 49, 1980, pp. 27-47.

16. S. Freud, *Trois Essais sur la théorie de la sexualité*, éd. Gallimard, 1949 (trad. fr. par B. Reverchon).

17. E. H. Erikson, *Identity Youth and Crisis*, New York, W. W. Norton, 1968.

18. S. Daymas, « Premier amour », *Rev. fr. de psychanal.*, 44, 1980, pp. 542-555.

19. R. J. Stoller, *Masculin ou féminin ?*, PUF, 1985 (trad. fr. par Y. Noizet et C. Chiland).

20. C. Chiland, « Troubles de l'identité sexuée chez l'enfant et l'adolescent », *in* S. Lebovici, R. Diatkine, M. Soule, *Nouveau Traité de psychiatrie de l'enfant et de l'adolescent*, PUF, 1995.

21. M. Huteau, « Identité et intentions d'avenir » *in* A. Braconnier, C. Chiland, M. Choquet, R. Pomarède, *Adolescentes, adolescents*, Bayard Editions, 1995.

22. E. Fombonne, « Psychopathologie des garçons et des filles : données épidémiologiques et transformations de l'adolescence », *in* A. Braconnier, C. Chiland, M. Choquet, R. Pomarède, *op. cit.*

23. M. Choquet, R. Boyer, « La différence des garçons et des filles à travers des enquêtes sociologiques et épidémiologiques », *in* A. Braconnier, C. Chiland, M. Choquet, R. Pomarède, *op. cit*

Chapitre III : *Hommes et femmes*

1. P. G. Zimbardo, *Shyness, What it is, What to do about it*, New York, Addison-Wesley, 1993.
2. P. G. Zimbardo, *ibid.*
3. M. Goldberg et *al.*, Cohorte Gazel EDF-GDF, INSERM Unité 88, éd. INSCRM, 1994.
4. G. Menahem, « Problèmes de l'enfance. Statut social et santé des adultes », CREDES, n° 1010, 1994.
5. R. G. Klein, C. G. Last, *Anxiety Disorders in Children*, Londres, Sage Publications, 1989.
6. E. J. Costello, A. Angold, « Epidemiology », *in* J. S. March, *Anxiety Disorders in Chidren and Adolescents*, New York, Guilford Press, 1995.
7. S. Ledoux, M. Choquet, « Usage de médicaments à but psychotrope à l'adolescence : pourquoi plus les filles ? », *Revue d'épidémiologie et de santé publique*, 42, 3, 1994, pp. 216-223.
8. C. N. Velez, J. Johnson, P. Cohen, « A longitudinal analysis of selected risk factors of childhood psychopathology », *Journal of the American Academy of Child and Adolescent Psychiatry*, 28, 1989, pp. 861-864; P. Cohen, J. Cohen, J. Brook, « An epidemiological study of disorders in late childhood and adolescence », vol. 2, « Persistence of disorders », *Journal of Child Psychology and Psychiatry*, 34, 1993, pp. 869-877.
9. F. Almquist, « Sex differences in adolescent psychopathology », *Acta Psychiatr. Scand*, 73, 1986, pp. 295-306.
10. S. Ledoux et M. Choquet, *op. cit.*
11. M. Flament et B. Remy, « Les troubles des conduites alimentaires chez le garçon », *in* A. Braconnier, C. Chiland, M. Choquet, R. Pomarède, *Adolescentes, adolescents*, Bayard Éditions, 1995.

Chapitre IV : *L'Histoire ou le miroir des sentiments*

1. H. Fisher, *Histoire naturelle de l'amour*, éd. Robert Laffont, 1994 (trad. fr. par E. Gasarian).
2. G. Duby, *Mâle Moyen Âge*, éd. Flammarion, 1988.

3. *Ibid.*

4. Cité dans *Histoire des femmes*, G. Duby, M. Perrot, éd. Plon, 1991.

5. Cité dans G. Duby, M. Perrot, *op. cit.*, pp. 13-19.

6. T. Zeldin, *Les Françaises et l'histoire intime de l'humanité*, éd. Fayard, 1994 (trad. fr. par E. Diacon).

7. M. Barnett, « Je ne peux pas » en opposition à « Il ne veut pas », *in La Sexualité féminine controversée*, PUF, 1976, pp. 229-244.

8. K. Horney, « The flight from womanhood », *Int. J. Psycho. Anal.*, 7, 1926, pp. 324-339.

9. R. Schafer, *Langage et insight*, PUF, 1986 (trad. fr par J. Adamov).

10. J. B. Miller, *Psychoanalysis and Women*, New York, Brunner Mazel, 1973.

11. R. Schafer, *op. cit.*

12. C. Chiland, *Homo Psychanalyticus*, PUF, 1990.

13. K. Horney, *op cit.*

14. E. Jones, *Hamlet and Œdipus*, Londres, Goblancz, 1949.

15. *Ibid.*

16. J. Money, A. Ehrhardt, *Man and Woman, Boy and Girl*, Baltimore, John Hopkins University Press, 1972.

17. H. Marcuse, *Éros et civilisation*, éd. de Minuit, 1963.

18. H. Lichtenstein, « The role of narcissism in the emergence and maintenance of a primary identity », *Int. J. Psycho. Anal.*, 45, 1966, pp. 49-56.

19. H. Fisher, *Histoire naturelle de l'amour*, éd. Robert Laffont, 1994 (trad. fr. par E. Gasarian).

20. C. Fischler, « Une " féminisation " des mœurs ? », *Esprit*, 196, 1993, pp. 9-28.

Chapitre V : *Science et croyances*

1. Cité dans E. Maccoby, C. Jacklin, *The Psychology of Sex Différences*, Stanford, Stanford University Press, 1974.

2. B. B. Whiting, *Six Cultures*, New York, Wiley, 1963.

3. *Ibid.*

4. *E. Maccoby, C. C. Jacklin, The Psychology of Sex Differences*, Stanford, Stanford University Press, 1974.

5. *Les Femmes*, INSEE, 1995.

6. Cité *in* J.-P. Desaire, « Les ambiguïtés du discours littéraire », *Histoire des femmes*, G. Duby et M. Perrot, éd. Plon, 1991.

7. M. Huteau, « Identité et intentions d'avenir », *in* A. Bra-

connier, C. Chiland, M. Choquet, R. Pomarède, *Adolescentes, adolescents*, Bayard Éditions, 1995.

8. P. Frey, L. Liban, C. Vantroys, « Pourquoi les femmes lisent plus que les hommes? », *Lire*, 4, 1995, pp. 48-57.

9. S. Witelson, « Les différences sexuelles dans la neurologie de la cognition : implications psychologiques, sociales, éducatives et cliniques », *in* É. Sullerot, *Le Fait féminin*, éd. Fayard, 1978.

Chapitre VI : *Le livre des amis*

1. R. Wright, *L'Animal moral*, éd. Michalon, 1995 (trad. fr. par A. Berand-Butch).

2. Cf. pp. 21 à 24.

3. H. Spiro, M. G. McCrea Curnen, E. Peschel, D. St. James, *Empathy and the Practice of Medecine*, New Haven, Yale University Press, 1993.

4. S. Freud, *Essais de psychanalyse*, Petite Bibliothèque Payot, 1971 (trad. fr. par S. Jankélévitch).

5. A. Damasio, *L'Erreur de Descartes*, éd. Odile Jacob, 1995.

6. L. J. Prieto, *Pertinences et pratiques*, éd. de Minuit, 1975.

7. D. Widlöcher, *Métapsychologie du sens*, PUF, 1986.

Bibliographie

Barnett M., *La Sexualité féminine controversée*, Paris, 1976, PUF.
Baudelot C. et Establet R., *Allez les filles*, Paris, 1992, Le Seuil.
Braconnier A., Chiland C., Choquet M., Pomeréde R., *Adolescentes, adolescents*, Paris, 1995, Bayard Éditions.
Cyrulnik B., *Les Nourritures affectives*, Paris, 1993, éd. Odile Jacob.
Damasio A., *L'Erreur de Descartes*, Paris, 1995, éd. Odile Jacob.
Duby G., *Mâle Moyen Âge*, Paris, 1988, éd. Flammarion.
Duby G., Perrot M., *Histoire des femmes*, Paris, 1991, éd. Plon.
Erikson E. H., *Identity Youth and Crisis*, New York, 1968, W. W. Norton.
Fisher H., *Histoire naturelle de l'amour*, Paris, 1994, éd. Robert Laffont (trad. française E. Gasarian).
Freud S., *Trois essais sur la théorie de la sexualité*, Paris, 1949, éd. Gallimard.
Freud S., *Essais de psychanalyse*, Paris, Petite Bibliothèque Payot, 1971 (trad. française S. Jankélévitch).
Lebovici S., Diatkine R., Soule M., *Nouveau Traité de psychiatrie de l'enfant et de l'adolescent*, Paris, 1995, PUF.
Prieto L. J., *Pertinences et Pratiques*, Paris, éd. de Minuit, 1975.
Stoller R. J., *Masculin ou féminin ?*, Paris, 1995, PUF (trad française Y. Noiset et C. Chiland).
Sullerot É., *Le Fait féminin*, Paris, 1978, éd. Fayard.
Tannen D., *Décidément tu ne me comprends pas*, Paris, 1993, éd. Robert Laffont, coll. « Réponses » (trad. française E. Gasarian et S. Smith).
Théry Irène, *Le Démariage*, Paris, 1993, Odile Jacob ; réédition coll. « Opus », 1995.
Widlöcher, *Métapsychologie du sens*, Paris, PUF, 1986.
Wright R., *L'Animal moral*, éd. Michalon, 1995 (trad. A. Berand-Butch).
Zeldin T., *Les Françaises et l'histoire intime de l'humanité*, Paris, 1994, éd. Fayard (trad. E. Diacon).

TABLE

Ouvrage publié avec le concours de Marie-Lorraine Colas

Cet ouvrage a été réalisé par la
SOCIÉTÉ NOUVELLE FIRMIN-DIDOT
Mesnil-sur-l'Estrée
pour le compte des Éditions Odile Jacob
en septembre 1996

Imprimé en France
Dépôt légal : février 1996
N° d'édition : 7381-0347-2 - N° d'impression : 35723